不靠偶然

日本雀巢的创新营销法

[日] 高冈浩三 —— 著

陈 旭 —— 译

中国原子能出版社　中国科学技术出版社
· 北 京 ·

INNOVATION DOJO KYOKUGEN MADE SHIKO SHI, HITO O MAKIKOMU GOKUI
© 2022 Kozo Takaoka
Original Japanese edition published by Gentosha Inc.
Simplified Chinese translation rights arranged with Gentosha Inc.
through The English Agency (Japan) Ltd. and Shanghai To-Asia Culture Co., Ltd.

北京市版权局著作权合同登记　图字：01-2022-2559。

图书在版编目（CIP）数据

不靠偶然：日本雀巢的创新营销法／（日）高冈浩三著；陈旭译．－－北京：中国原子能出版社：中国科学技术出版社，2023.9
ISBN 978-7-5221-2815-3

Ⅰ.①不… Ⅱ.①高… ②陈… Ⅲ.①食品工业－工业企业管理－经验－日本 Ⅳ.① F431.368

中国国家版本馆 CIP 数据核字（2023）第 123045 号

策划编辑	何英娇　陈　思	责任编辑	付　凯
文字编辑	孙　楠	版式设计	蚂蚁设计
封面设计	马筱琨	责任印制	赵　明　李晓霖
责任校对	焦　宁		

出　　版	中国原子能出版社　中国科学技术出版社
发　　行	中国原子能出版社　中国科学技术出版社有限公司发行部
地　　址	北京市海淀区中关村南大街 16 号
邮　　编	100081
发行电话	010-62173865
传　　真	010-62173081
网　　址	http://www.cspbooks.com.cn

开　本	880mm×1230mm　1/32
字　数	104 千字
印　张	6
版　次	2023 年 9 月第 1 版
印　次	2023 年 9 月第 1 次印刷
印　刷	北京华联印刷有限公司
书　号	ISBN 978-7-5221-2815-3
定　价	69.00 元

（凡购买本社图书，如有缺页、倒页、脱页者，本社发行部负责调换）

前　言

提到创新，各位有何联想？

"创新即彻底颠覆社会常识的崭新技术。"

很多人的脑海中都会浮现出这句话吧？

我们看几个具有代表性的例子，比如索尼随身听、苹果手机。日本人往往将创新定义或理解为"技术革新""以崭新的技术发明新产品"。

但如果在英文词典中检索创新的概念，我们可能会发现，其含义与"革新""刷新"似乎有混淆。

"新方式（迄今为止不曾使用过的全新方法）"——这是关于创新的十分常识性的表述。虽然大多数日本人了解"新方式"也是创新的内涵之一，但是在商业领域，创新主要指的仍旧是技术革新。

另外，奥地利经济学家约瑟夫·熊彼特（Joseph Schumpeter）

对创新的定义如下：

创新是一种新结合（将各种要素以前所未有的方式进行组合）。

这自然也是商务人士的常识。熊彼特并没把创新框定在技术革新领域。但日本人却习惯把创新和技术革新绑定在一起。

目前有很多声音批评日本人对创新存在误解。结果，和以往相比，日本人的"创新=技术革新"思维似乎真的逐渐式微。

但问题是，错误的概念被沿用的时间太久，人们已经形成了一种错误的共识，那就是：创新是那些有才华的发明家和天才们的伟业，与我们普通百姓毫无关系。

如今这种观念深入人心，人们认为创新只属于那些拥有独门技术的初创企业，以及拥有顶级智囊团的大企业的创新业务部门和技术开发部门。换言之，人们从最开始就觉得，普通上班族是永远敲不开创新的大门的。

但是他们没有看懂创新的本质。

创新不单指技术革新，哪怕是销售、人事、管理等后台

前言

岗位，只要找对了切入点，也能完成一次创新。

风靡世界的"丰田看板管理模式"以及"亚马逊配送体系"都是比较成功的创新。很难想象，这些创新都与我们理解的技术革新毫无关系。

看来创新真的不是技术人员或者天才商业精英的"专利"，不论任何年龄、行业、岗位，都有平等参与创新的权利和可能。因此我们绝对不能放弃创新。

2020年3月31日，60岁的我离开了雀巢日本分公司首席执行官的岗位，光荣退休。我于2010年10月就任此岗位，到退休时已经过去了9年零5个月。

雀巢集团总部在瑞士，集团规定只有接到总部命令前往世界各地工作过的国际员工，才有权利担任本国分公司的首席执行官。然而我打破了这个惯例。我是第一个从未在除日本外的国家参加过工作、就能被升任为雀巢日本分公司的"当家人"的本土员工。

近10年来，我有幸获得很多将创新推向世界的机会。但不仅仅是我在就任首席执行官这段时间，哪怕是我在子公司工作的时候，就开始不断创新。本书虽然介绍了其中不少案例，但是我可以向各位保证，我之所以能有这些创新之举，绝非因为本人具备所谓的"特殊才能"。

我30多岁的时候，只是雀巢日本分公司的一名经理。当年我对创新的关注度并不太高，当然也没有什么特殊本领。

但即便如此，我随后还是开始关注创新，并为了创新积极思考，最后又将我的想法付诸行动，最终我掌握了创新的"技巧"。

因为我掌握了技巧，所以才能不断创新，屡屡颠覆人们的认知。也因此，雀巢集团总部才会破格任命我为日本分公司的首席执行官。这或许就是他们对我创新的认可。

虽然目前我已经离开了雀巢集团，但是我的创新技巧仍旧在发光发热。目前我作为个人商务顾问，继续优化我的理论，并以我的理论为依据，向各企业、项目提供创新指导。

那么，日本的企业以及日本企业的员工们，是否已经获得了创新的技巧，并在不断磨炼呢？

从客观的角度来看，他们并没有这样做。

具体原因如前文所述，他们始终认为，创新是天才和拥有特殊本领的人的专长，普通人创新就连起步都很困难。

他们说的也有一定的道理，因为除了头部企业和初创企业外，许多日本企业的员工根本没有成功创新的经历。如今的企业高管们，也很少是因为成功创新而获得地位的，所以他们对创新的认识也很不足。

如果不知道如何创新，那么创新的难度也就更大，这往往又让越来越多的人对创新产生了畏惧心理。

企业里的大多数人其实已经放弃了创新，因此哪会有人真能把创新落到实处呢？如果你没在创新型企业工作过，那么你只能更加排斥创新。

日本企业就陷入了这样的恶性循环中，因此即便日本企业能培养出优秀的经理人，却不能形成企业的创新文化。

我也常听到有人反驳：

"即便我想创新，我的领导也不同意啊！"
"那么，你教我怎么说服老板和董事吧！"

我说句心里话：不要对现在企业的高管抱太大希望！

他们没有正确评价创新的"眼光"。因为他们自己就不擅长创新，所以他们自然也没有这样的眼光。

你们能做的只有让脑海中创新的新芽，在自己的掌控范围内开花结果。

不花一分钱,而且还要润物细无声……

只要做出成果,老板和董事就会认可。但要知道,他们评价的不是创新,而是创新所带来的收益和新的业务。此时,你的创新才真正长成了"参天大树"。

在雀巢日本分公司工作期间,有多少次,我的创新被总公司的领导反对。为了让我的创新成功落地,我只好进行小规模测试,做出成果之后,领导们果然认可。至于详细内容,还请耐心阅读本书。

我这么说,估计所有人都要反对我了:"高冈先生,您在外资企业工作,我们本土公司哪能成功创新呢!"

为什么他们有这样的想法呢?

难道是因为他们裁量权小、预算低吗?

如果真是如此,那么他们为什么不先在小范围内做出成绩呢?

难道是因为他们没有做出成绩的信心?

果真如此,他们为什么不回到创新的起点,寻找可能性更大的创新方式呢?而本书,恰恰能给读者提供一些创新技巧。

许多商业人士终日努力提高效率,但仍旧做不出成绩,因此陷入窘境。

但是找不到突破口，就不知道如何突破困境。面对这样的现实，有些人选择了搁置问题。

请各位冷静思考：

在这个复杂多变的困难时代，企业和个人的问题也变得更加复杂。现有的方式方法已经不足以解决新问题和新矛盾。

那么，或许我们有必要摸索出一套前所未有的新方法。而在摸索过程中，我们创新的种子自然会发芽。

我就任雀巢日本分公司首席执行官的第二年，公司开始实行"创新奖"评选。公司会审查员工个人的创新性计划，如果可以实行，计划就有可能在全公司推行。

如今"创新奖"仍旧是雀巢日本分公司的重要经营战略之一，但第一年征集到的创新计划居然不到 70 个。之所以创新奖遭受如此冷遇，关键的原因就是大多数员工其实已经放弃了创新。

早在 1913 年，外资企业就开始进入日本，为了长期开展事业，这些外资企业做得比本土日企更有"日本风格"，对创新的看法也与本土企业相似。如果不打破这样的体制，就不能实现创新。

我支持把员工对于创新奖的态度和计划所占的人事考核成绩的比例提高到 20%。次年我们征集到的创新计划达到去年的 10 倍，总共 705 个。到我退休的 2020 年，每年征集到的创新计划已经达到 5500 个。

我在任期间，推行了一项人事政策，将原本的 3000 多名员工缩减到 2500 人（现在 2400 人）。5500 个创新计划恰恰证明，员工把曾经放弃的创新又捡了起来，他们已经把创新当成了工作的一部分。

我们会从每年征集到的创新计划中，选择最优秀的计划，并发放给这个计划的提出者 100 万日元作为奖励。令人惊讶的是，获奖者中居然几乎没有平时业绩突出的员工。

前文中提到"日本企业能培养出优秀的经理人，但无法形成创新文化"，然而雀巢日本分公司打破了这个规律。

日本大企业培养的人才往往擅长听命行事，并在执行任务的过程中磨炼技术，但他们不知道下一步怎么走，没有领导力也无法作为领军者，从而带领团队走向成功。

在这样的环境下，哪会有人锐意创新呢？

本书的观点是：创新绝非偶然，也不是一部分有才能、有本领的"牛人"才能完成的创举。

只要按照一定的规律思考并实施，任何人都能实现创新。创新不是一小部分天才的发明。

如果你能根据本书介绍的技巧不断尝试，就会慢慢发现创新的秘密。同时也会对创新的价值、方向性有更深刻的理解。常怀着创新的热忱之心，你的创新必然会彻底颠覆社会常识，让世界为之震惊。

为了让读者逐步感受创新的力量，本书特以如下脉络编写。

第一章重新定义创新。如今人们对于创新的概念仍旧存在许多误解和误读，也不了解创新的目标。本章将以简单明了的语言，带领读者重新认识创新。

第二章将探讨创新的技巧和案例。创新不是短暂的想法，而是一种需要步步为营的技巧。本章将带领读者学习创新的技巧。其中包括"新现实""顾客"等重要概念以及创新所需的思想历程（思维方式），即"NRPS法"。同时我还会传授在实际创新过程中，如何使用本章介绍的技巧。

第三章将探讨日本企业失去创新能力的原因。如果不能认识到真正的原因，就无法为创新"清障"。我们应该注意一点，那就是消除不良因素后，企业创新将会更加便捷。

第四章将回顾我接触到创新的契机以及目前创新的思维方

式，本章并非我的个人史，你也可以将你自己代入角色。

第五章将根据我提出的创新技术回顾我经历过的创新事件。创新不需要特殊才能，也不是天才们灵光乍现的伟业，只要学习，任何人都能掌握，关于这一点我将结合案例进行说明。

第六章将探讨如何使用本书讲授的创新技巧进行创新。本章涉及由我担任主讲人的"创新道场"中发生的真实案例，我会一边介绍学员们的创新实践、一边探讨我们应该如何看待创新。

我在撰写本书时，希望为广大商务人士及希望创新的人士提供一本讲授创新技巧的优秀著作。

但是本书涉及的创新思维方式不仅属于商业领域。当然，创新也不是商务人士的专利，每个人都有机会参与创新。

即便你不是上班族，我也希望你能用本书的技巧解决工作、生活中的难题。本书必然会成为你解决各种问题的万用宝典。

最后衷心希望本书能成为点亮企业的一盏明灯！

高冈浩三

目 录

第一章
重新定义创新
001

为什么当今时代如此需要创新 — 003

凝聚创新本质的索尼随身听 — 009

"创新""改良"易混淆 — 013

创新是为了解决"顾客已经放弃的问题" — 018

营销导向成功 — 022

打消迎合小众市场的念头 — 023

数字化转型（DX）即改变营业收入方式 — 025

第二章
创新时如何发现问题和解决问题
031

发觉新现实的能力 — 033

问题不重要，深挖现实才重要 — 038

新冠疫情下的新现实 — 041

顾客放弃的问题很难被发现 — 042

NRPS 法：认识、发现、解决 — 046

做好积累小失败的准备 - 050

团队在后，个人先行 - 054

没有套路 - 056

亚马逊公司如何解决顾客的问题 - 057

煤炉平台的创新 - 060

雀巢日本分公司的电子商务革命 - 063

第三章
为什么日本企业不会创新
067

企业家们固守的"日本股份制公司模式" - 069

创新难成的四个原因 - 073

高级管理人员的认可 - 079

害怕小失败 - 081

第四章
创新是向外扩张的
083

创新的关键是多元化思维 - 085

瑞士总部的提问 - 088

多元化思维与奇巧 - 094

寻求领导的帮助 - 101

职场咖啡革命：雀巢咖啡大使 - 106

目 录

第五章
彻底剖析创新案例
115

M3 株式会社创新营销模式 － 117

戏剧学院事务所 － 121

ADIS 促进了创新的发展 － 127

转变人力资源，雀巢的白领绩效法 － 131

雀巢的工会改革 － 136

雀巢的净营运资金 － 140

第六章
创新源自深度思考
147

A 的创新 － 149

B 的创新 － 152

C 的创新 － 155

D 的创新 － 158

创新思考实验一：酒店业 － 160

创新思考实验二：零售业 － 168

创新思考实验三：家具制造商 － 171

后 记 － 173

第一章

重新定义创新

为什么当今时代如此需要创新

近年来,"创新"似乎成了最流行的词。

尤其是 2020 年以来,人类面临百年未有的新冠疫情大流行,"创新"仿佛被按下了加速键。人们对闭塞和停滞感到恐惧,因此,对于突破困局的期待也在全球蔓延。

如今人人都明白创新的价值,也理解创新的意义。但大多数人对于创新的本质仍旧存在误解。因此我认为,"创新"亟须重新被定义。

创新其实并不简单,假如对定义存在误解,又怎么能实现创新呢?因为没有清晰明了的定义,也就没有明确的目标,而目标游移不定,创新则无法实现。

抛开新冠疫情的影响,创新作为一种长期趋势也越来越受到重视。为什么现在如此需要创新?那是因为,近 30 年间,我们早已经被卷入了新一轮工业革命的浪潮中。

纵观人类历史,创新随着能源革命应运而生,创新已经帮助人类解决了太多难题。

第一次工业革命发生在18—19世纪，随着煤炭燃料蒸汽机的诞生，人类获得了全新的动力源（能源）。蒸汽动力促进了工场手工业向工厂制机械工业的转型。但这并不能称为创新，因为这个阶段最耀眼的"明星"也只有蒸汽机车而已。

真正意义上的创新发端于19世纪中叶到20世纪初的第二次工业革命。

第一次工业革命让煤炭和蒸汽机成为动力源，轻工业处于舞台中央，而第二次工业革命的中心则是钢铁、造船、机械、化学等重工业、化工领域。其中担任主角的是石油燃料和电能。到20世纪，石油和电力解决了以往无法解决的问题，也掀起了创新的热潮。

从20世纪末开始，计算机、互联网、传感器、人工智能（AI）等技术掀起了数字化工业革命的浪潮。这个时期也被称为第三、第四次工业革命，而我们正处于这股旋涡的中心。

计算机、互联网、传感器、人工智能等数字技术，已经成为新的动力源。在创新的浪潮下，20世纪无法解决的问题迎刃而解。最终这次创新浪潮奠定了21世纪的基调，产品和物质的创新退出了舞台中心，而围绕着商业模式的创新成为主流。

推动工业革命的动力源不同，也导致了创新模式的变化。

互联网几乎已经普及全世界，传感器和人工智能技术的进步更是日新月异。同时，人们发现了可以替代煤炭和石油的新能源，开始从前所未有的角度审视当前，并不断攻克此前不曾解决的难题。这就是我们这30年间经历的现实。

在此期间日本被世界强国美国以及取得显著进步的中国甩在了身后。只要看看世界企业市值前20名榜单，就能一目了然。

我们把时间调回到大约30年前，也就是1989年。

当时在"日本第一（Japan is number one）"的口号下，日本的泡沫经济达到了顶峰。表1-1展示了1989年及现如今全世界公司市值排名前20的企业。

第1名是日本电信电话公司。1987年2月，日本政府将所持的该公司股份以119.7万日元卖出，随后私人投资机构涌入，到当年4月，该公司股价飙升到318万日元。10月，公司股价虽然受到黑色星期一影响一度下跌，但是仍旧在1989年创造了股市奇迹。

第2名到第5名也都被日本各大银行占据。在前20名中，日本金融企业占有7个席位，日本泡沫经济的严重程度，由此可见一斑。同时，在前20名中，日本企业占了七成（14家公司），大有席卷世界的趋势。

表 1-1　1989 年与 2022 年世界市值排名前 20 的企业

排名	1989 年		2022 年（截至 1 月）	
	企业	国家	企业	国家
1	日本电报电话公司	日本	苹果公司	美国
2	日本兴业银行	日本	微软公司	美国
3	住友银行	日本	沙特阿拉伯国家石油公司	沙特阿拉伯
4	富士银行	日本	谷歌公司	美国
5	第一劝业银行	日本	亚马逊公司	美国
6	IBM 公司	美国	特斯拉汽车公司	美国
7	三菱银行	日本	脸书[①]母公司	美国
8	埃克森美孚公司	美国	伯克希尔·哈撒韦公司	美国
9	东京电力公司	日本	英伟达公司	美国
10	荷兰皇家壳牌集团	荷兰	台湾积体电路制造股份有限公司	中国
11	丰田汽车公司	日本	腾讯公司	中国
12	通用电气公司	美国	摩根大通公司	美国

---

① 现已改名为"元宇宙"。——编者注

续表

排名	1989年		2022年（截至1月）	
	企业	国家	企业	国家
13	三和银行	日本	威士国际组织	美国
14	野村证券公司	日本	强生公司	美国
15	新日本制铁公司	日本	三星电子公司	韩国
16	美国国际电话电报公司	美国	联合保健公司	美国
17	日立公司	日本	酩悦·轩尼诗—路易·威登集团	法国
18	松下电器公司	日本	家得宝公司	美国
19	菲利普·莫里斯国际公司	美国	美国银行	美国
20	东芝公司	日本	沃尔玛公司	美国

但是30多年后，居然没有任何一家日本企业能够跻身市值前20位。就算是全日本市值最高的丰田汽车公司，也没能排进此榜单的50强。

我认为，如此巨大的变化，正是日本"失去的30年"的真实写照。

1993年，日本泡沫经济崩溃，此后日本的GDP增速仿佛陷入停滞，虽然也有起伏，但是平均增速近乎零（见图1-1）。

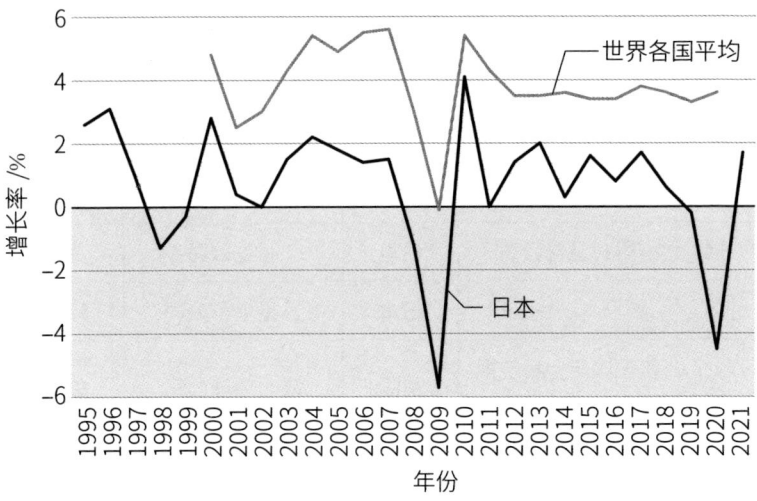

图 1-1 日本与世界各国平均 GDP 增长率
（资料来源：日本政府、产经省）

而世界平均 GDP 增长率除了陷入雷曼冲击的 2009 年，几乎都能保持 4% 的高水准。日本泡沫经济崩溃后，日本 GDP 增速就再也没能达到世界平均水平，我们只能美其名曰：日本经济趋于成熟并进入停滞阶段。

为了改善这个现状，提高效率，促进经济持续发展，我们必须实现创新。我们之所以如此关注创新，是因为日本经济发展陷入停滞，人们希望创新成为日本经济的救世主。

凝聚创新本质的索尼随身听

公益社团法人发明协会的官网上有一个"战后日本的 100 项伟大创新"版面。其中"100 项伟大创新"的前 10 项如下:

问卷调查投票 TOP10(按照年代顺序):

- 内窥镜
- 方便面
- 漫画、动画
- 新干线
- 丰田生产方式
- 随身听
- 温水坐便器
- 家用游戏机和软件
- 发光二极管
- 混合动力汽车

这些创新都已经进入了我们的生活,并大大改变了我们的生活。其中,最能代表日本企业创新成果的正是索尼公司推出的随身听和丰田看板管理模式。

而索尼随身听则凝聚着创新的精髓。理由如下：

索尼随身听发售于1979年。此前人们只能在安静的房间里欣赏音乐。一般人们会用家里的立体声音箱播放唱片和磁带。还有一些人喜欢在那些播放爵士乐的咖啡厅边喝咖啡边听音乐。

虽然现实如此，但是作为索尼公司创始人之一的井深大，一次刚好路过号称索尼技术专家大增根幸三所属部门的办公室时问："你们这儿有没有什么新鲜玩意儿？"

原来井深大正准备坐飞机去国外出差，但他很想在机舱里自由地欣赏音乐。

20世纪50年代，喷气式客机问世。60年代后，由于飞机的安全性和经济性不断增强，各大企业都开始允许员工乘坐飞机出国公干。井深大作为索尼的创始人之一，经常需要去美国出差。

虽然当时的客机为了提高实用性，已经花费了大量成本，但当年的客机并不能像现在一样提供娱乐服务。从日本飞往纽约或洛杉矶的长途旅行中，乘客根本不能欣赏音乐，只能通过看书看报或者浏览杂志打发时间。

不过当时的人们已经放弃解决这个问题了。

"坐飞机就应该如此无聊。读书看报或者睡觉就得了。"

井深大感到旅途实在无聊,但一时间也想不到什么好办法。所以他才会向大增根幸三询问"有什么新鲜玩意儿"。

另一方面,大增根幸三等研发卡带录音机的技术人员当时并没有制作出随身听原型机,他们只是根据自己的想法,尝试着开发一台便携设备。

"当时的工厂准备在索尼公司已经发售的小型卡带录音机的基础上加以改造,想做出一台通过耳机发声的、巴掌大小的录音机。因为井深大拜托我们,所以我们才会尝试制作一台能带到飞机上的机器。这台机器虽然小,但必须支持立体声,所以我们取消了外放和录音功能,打造了一款只能播放的机器。这就是第一代随身听原型机。"(摘自《日经商务·电子版》宗像诚之《我们喜爱的索尼》2016年5月30日"跋扈高管扼杀索尼的可能性"大增根幸三采访)。

随后,井深大就带着这台原型机出差去了。据大增根幸三说,井深大似乎很喜欢这台机器。大增根幸三很支持这项创新,而后索尼公司的另一位创始人盛田昭夫也全力支持这个项目。

但是大增根幸三的顶头上司,也就是之后荣升索尼公司总裁的大贺典雄,则反对开发这种播放专用设备。

"没有录音功能的机器肯定卖不好的!"

这就是他不支持这个项目的理由。但是有一次大贺典雄生病,住了很长时间医院,出院后他改变了心意,全力支持井深大和盛田昭夫的研究。也是因为有了大贺典雄的大力支持,随身听的创新没有夭折而是成功走向世界。

"虽然当时还只有概念和原型机,但是井深大和盛田昭夫仅仅通过'听和看'就认可了产品的实力和前景。随身听就是这样诞生的。"大增根幸三说。

"过去的索尼不太重视市场调研,所以很难推出新产品。当时,大家的想法是'既然是前所未有的产品,所以即便是征询消费者的看法,他们也不会对这种商品产生兴趣'。"

就是在这样的重重阻碍之下,大增根幸三等一众技术人员仍旧能保持良好的心态,不断尝试开发原型机。

同时,井深大和盛田昭夫面对那些前人早已放弃解决的问题时,并没有选择放弃,而是下定决心寻找突破。他们没有被常识束缚,而是饶有兴趣地搞了一场"技术游戏"。

大增根幸三、井深大以及盛田昭夫的态度与那些不懂创新的人截然不同。因此我才敢说,随身听问世的轶事恰好体现出创新的精髓。

"创新""改良"易混淆

大增根幸三说过"既然是前所未有的产品,所以即便征询消费者的看法,他们也不会对这种商品产生兴趣"。诚然,哪怕对 1 万人进行市场调研,也不一定能找到创新的方法。

而通过市场调研,了解顾客所需并进行创造的行为被称为改良。

创新和改良表面相似,实际差异甚远。下面我们就来看一个问题——"屋里太热了怎么办?"从古至今,这个问题的解决方案也发生着变迁。

自从人类开始在室内居住,"屋里热"的问题就始终伴随我们。而纵观历史,解决这个问题的创新总共只有 3 次。

第一次创新是在远古时期。人们摘下大型植物的叶片,用叶片当扇子扇风降温。

随后,第二次工业革命时,随着电气的出现,人们在不同时代使用不同材料制作了人工降温工具——扇子。

第二次创新,人类发明了电风扇,直到现在,电风扇仍旧是降温的主要设备之一。19 世纪中叶,发动机在美国诞生,几乎在同一时期电风扇问世了。

即便当年有人进行市场调研，也没有人会提出"我想要一台电风扇"的想法。因为当时没人想到能利用电动马达使叶片转动送风降温，人们已经放弃了寻找不需要使用人力的降温方式。电风扇解决了人们已经放弃解决的问题，所以我们可以把它看作一次创新。

电风扇诞生于100多年前的美国，但当时的电风扇只能朝正前方吹风，也不能改变风力强弱。

假设有一家人买到了一台电风扇。在这个家庭中，夫妻育有两个孩子，一共四口人。夏天到了，全家人都在客厅里享受天伦之乐。大家选好了位置坐下，客厅里的电风扇送来微微清风。

不一会儿，一家人都聚集在电风扇前面。

"别靠过来了，好热！"

先来的哥哥不愿意跟弟弟分享凉风。

"但我也……"

是啊，当时的电风扇不会转头。所以大家才会抢着坐到能吹到风的地方。大家都挤在客厅的一隅，哥哥还要欺负弟弟，都是为了能吹到电风扇。

没坐在电风扇正面就吹不到风啊。正是这样的现实问题，催生了"让电风扇转头"的需求。

"麦克啊,风力要是再小点儿就好啦。"

孩子们的妈妈珍妮特对长子麦克道。

"什么?不要。我觉得好热啊。"

麦克边说边凑近电风扇,想要独享凉风。

对于风力的需求同样因人而异。同样的风量,有人觉得太冷,有人觉得不够凉爽。

风再强一点儿吧!风再弱一点儿吧!

正是这样的需求,使人们不再满足于固定风量的电风扇,而是希望用上可以调节风量的电风扇。

"喂,杰克!正对着电风扇睡觉是会着凉的!"

珍妮特提醒丈夫杰克。

"哦哦……吹着挺舒服的,我没注意就……"

不少人都有过吹着电风扇入睡,结果感冒着凉的经历吧!

而从此人们又开始追求电风扇的定时功能了。最好当体温下降到一定的温度时,也吹风一段时间了,电风扇能自动关闭。人们的新需求又产生了。

转头、控制风力强弱、定时……这些功能都是在电风扇的创新出现后,再通过市场调研发现的新问题。回想一下,在电风扇解决那些"已经放弃解决"的问题前,人们又怎么会提出这些新要求呢？

但类似这样解决"可以认识到"的问题的过程，就不能称为创新，而应该称为改良。

电风扇已经诞生了100多年，但改良仍在继续。最新一次改良应该是没有扇叶的电风扇吧。因为此前就有人（特别是幼儿）被电风扇扇叶伤到手的案例，而且换季的时候，还必须拆除并清洗扇叶。

电风扇的改良仍在继续，但第三次创新早已开始。那就是空调。

高温天气令人感到不适的原因不只是温度，还有空气中的湿度。而空调的诞生恰恰解决了这个难题。20世纪50年代，美国家用空调开始普及，而日本到了20世纪60年代才陆续有家庭安装空调。

随着空调的普及，消费者对空调的需求也发生了变化。人们不单单满足于降低温度、湿度，还希望空调有净化空气的功能，并能通过离子消灭细菌和病毒。于是厂商们继续改良空调，推出了支持空气净化和除菌功能的空调。

2020年，哈佛商学院的克莱顿·克里斯坦森（Clayton Christensen）教授逝世。他在1997年提出了"创新困境"理论,被评为创新的专家。克里斯坦森教授认为,创新可以分为两个种类。

一个是"破坏性创新"。当破坏性创新出现后,紧随其后的就是"持续性创新",也就是另一种种类。克里斯坦森教授所言的"破坏性创新",就是我所理解的创新,而"持续性创新"则是我所理解的改良。

一项创新为什么还需要持续性的改良呢?这是因为消费者会不断发现新的"小问题"。先努力创新,等消费者购买产品后,再不断改良产品,这是理所当然的。

夏普公司推出全世界第一款液晶电视,当年这个创新震惊了世界。但是如果液晶电视是真正的创新,那么它引发的热潮本该更加猛烈才对啊。我想如果真是那样,那么夏普公司也不会被中国台湾鸿海精密工业股份有限公司收购,而是能打出自己的一片天地了。

我认为,发明液晶电视并不能算作创新,而发明黑白电视才是创新。液晶电视只不过是让电视的观感更接近肉眼观感而已,因此只是改良。

我当然不是想否定改良的价值。相反,我认为改良也有促进社会进步、提高人们生活水平的力量。

因为有时候我们不能理解创新和改良的差距，会认为改良就是成功。想要解决问题，就必须把焦点放在质量和性能之外的要素上。看不透这点，难免遭遇困境。

创新是为了解决"顾客已经放弃的问题"

正如前文所述，我一直把放弃解决问题的人称为"消费者"。

现在我们把"消费者"换成"顾客"试试。

换句话说，创新就是要解决"顾客已经放弃解决的问题"。为什么要替换掉"消费者"这个词？不理解其中原因，也就不能理解创新的意义。

而理解这个问题的前提，就是必须先搞懂什么是营销。

我就任雀巢日本分公司首席执行官时，曾对3000名员工热情洋溢地说道：

"让我们成为一家擅长营销的企业！"

"让我们继续创新！"

但是当时员工对我提出的口号反应不太热情。因为我当时还没有能力用简单易懂的方式把营销和创新的知识传递给他们。

我虽然是公司的带头人,但若是不能向下属传达创新和营销的定义,也就无法让他们做出改变。因此我才要求自己深入研究营销和创新。

我一开始想要根据营销大师菲利普·科特勒(Philip Kotler)的著作进行学术性说明,但我们公司的员工中,在大学期间系统学习过营销的是极少数。于是我还要继续思考如何让所有人都看懂,都理解。最后我发现,把焦点对准顾客的问题才能成功。

营销就是通过解决顾客的问题,从而在市场上产出附加价值。很多人把市场调研和广告这类狭义的营销理解成营销的全部,但这是错误的。

这样跟员工说明的话,即便对方没有营销经验也能很快理解,而本书则更加注重顾客的定义。

所谓顾客,对于B2C企业而言,就是购买自家公司产品或服务的客户,而对于B2B企业而言,则是负责销售自家公司产品和服务的企业。

几乎所有人都能理解这一层道理。但他们的盲点是,他们没发现运营部门也存在顾客。

企业的员工最常打交道的运营部门就是人事部了。几乎所有职场人都能了解人事部门的日常工作。

这是因为，人事部的"顾客"是全体员工，对，就是你！不论有意还是无意，人事部的同事都把员工当作自己的"顾客"对待，所以他们已经养成了清晰简单说明情况的习惯。

不过，人事部的下设部门之间也存在较大差异。比如招聘部门的顾客并不是公司员工，而是应届毕业生和有想法从其他公司跳槽来的人们。

供应链也有着相似的情况。采购部门的顾客是制造商，配送部门的顾客是仓储公司和运输业。看来每个部门都有自己专属的"顾客"呢！

我敢断言，没哪个部门的"顾客"没有问题。所以锐意创新，解决顾客放弃的问题，这是每个部门都要考虑的问题。这就是我不说"消费者"而是要强调"顾客"的原因。

营销就是要想方设法解决各类顾客提出的五花八门的问题。

顾客的问题总共分为两类。一类是顾客已经发现的问题。这类问题可以通过市场调研发现，因此解决这类问题的方法就是改良。

另一类问题则需要用创新去解决。那么创新到底要解决客户的什么问题呢？在这个大类下可以分为三个小类。

◆ 目前无法回答的问题。

◆ 根本想不到的问题。

◆ 判断无法解决、已经放弃的问题。

这三类问题在本书中统称为"顾客放弃的问题"。

这些顾客放弃的问题,甚至顾客本人都难以发现。因此顾客是不会主动提出这些问题的。

但是我们仍旧要把这些并不显著的、顾客已经放弃的问题挖掘出来,并将它们当作必须解决的问题去看待。这个过程中的许多成果,最终成为一项又一项的创新。

其中最为重要的并不是那些尚未显现的、模棱两可的、潜在且被顾客放弃的问题。我们要做到抽丝剥茧,让"问题真正成为问题"。我认为,发现问题的过程对于创新的成功与否起着决定性的作用。

商界向来重视解决问题。当然,解决问题的重要性不容置疑。

不过,对于创新而言,发现问题的能力比解决问题的能力更加重要。这是我们创新第一线奋斗者们的真实感受。

营销导向成功

如果我们说,只有创新才能解决顾客放弃的问题,但只是解决问题对公司经营毫无帮助。这是我们经常容易陷入的误区。

到底如何才能将解决问题的创新或改良变现?

我们之所以陷入误区,主要是因为人们漏掉了这个重要议题。我们常能发现社会性问题,并找到解决这个问题的有意义的方法,一时间心潮澎湃,却没有考虑到是否能够变现。这样做虽然能在短期内解决问题,但是由于不能长期持续,所以也不算是创新。

变现和营销都是十分重要的领域。如果没有营销知识,即便发现了顾客已经放弃的问题,并找到了解决方案,也很可能导致商业上的失败。

换言之,营销和创新必须成对出现。

要知道它们共同的议题是发现和解决顾客的问题。这就是我们需要用营销的眼光解决顾客的问题的原因。

不过我们没有必要把营销想得那么困难。发现顾客的问题之后,只要先考虑如何解决他们的问题就够了。

因为在营销中,向顾客销售产品、服务,并收取费用的一系列行为也都要从"解决顾客的问题"的角度出发。

那如果我们从沟通（宣传）的角度出发呢？事实证明，电视广告对销量的增加几乎不起作用。但另一方面，假如在你边看电视边吃午餐的时候，电视里出现一位穿着白大褂的大夫，告诉你某种商品对健康有益，说不定第二天这种商品就会脱销。

从商品销售的角度看，与其花 10 亿日元打广告，还不如一位素不相识的医生的一句好评来得更有说服力。

商业广告和参加节目的费用天差地别，这些费用的差距也会体现在商品上，这对于顾客来说可不是什么好消息。

所以，想要解决顾客的问题，就要学会从营销的角度看问题。

为顾客着想，就要解决顾客已经放弃的问题，同时创造新的附加价值。这个过程就是市场营销，而产生新附加价值就是创新。

打消迎合小众市场的念头

社会上有许多咨询机构专门为初创企业和中小企业提供帮助。他们对开展新业务的初创企业及中小企业提出过这样的建议——"打入小众市场"。

小型初创企业和创业项目与大型企业在大众市场上竞争很容易失败，因此他们认为打入小众市场或许有一线生机。

但是我认为，这套策略与创新相去甚远，只不过是纸上谈兵，难以实现。

小规模的小众市场与大众市场相比，顾客数量实在太少。客源如此匮乏，即便有比较好的创新项目，也不会有多大反应。

许多商务人士都被这样的思维模式束缚。但既然你想创新，就别再想着小众市场了。不能解决大多数顾客已经放弃的问题，就根本做不成"大生意"。

不过，我也能理解为什么很多企业想要进军小众市场。

原因很简单：害怕失败、融资难。

如果在大众市场开战，那么一旦失败自己会受到很大损害。重大失败会让自己名誉扫地。因此很多人把一次失败当成"致命伤"，为了避免风险，他们才会选择小众市场。

而且他们认为，想要在大众市场上"开战"，肯定需要投入几十甚至几百亿美元，筹集不到这笔钱，就只能投降认输。

请各位想想到底什么才是创新的本质？

既然是创新，就不能存在竞争产品。创新是解决顾客放弃的问题，又何来竞争产品呢？既然没有竞争产品，那么不论是小众市场的创新还是大众市场的创新，其实相差并不大。

所以我们倒不如把目标放在成功可能性更高的大众市场呢！而且目标太小，创新的商业化前景和变现率也不会很高。不能变现，何谈商业化？何谈持续性？

我建议积累"小小的胜利"逐步实现创新，这部分我将在后文详细说明。但是证明创新的有效性，有时候并不需要投入大量资金，因此也不需要专门在顾客稀少的小众市场竞争。创新就是要在拥有无数潜在顾客的大众市场，打一场不用担心竞争产品的头脑战。

如今创业风潮正盛。很多电视剧的题材也是描写企业家创业的故事。这类电视剧人气火爆，也让很多人开始考虑创业。

但是创业者本身缺乏创业知识，同时周围又有人错误引导，最终创新的火花转瞬即逝，这实在令人惋惜。

数字化转型（DX）即改变营业收入方式

最近流行的 DX 大有方兴未艾之势。

我们不但要让人们的工作方式朝着数字化发展，还要想办法利用数字化"赚钱"。换言之，DX 必须成为创新的一种手段。

20世纪的石油和电气都成了解决顾客问题的手段，也创造了大量价值。但到了21世纪，如果不使用数字和人工智能技术，我们就没法解决那些20世纪不能解决的问题。

我们不需要事先决定以何种商业模式来解决顾客的问题，而是要先寻找解决这个问题的合理手段。

我在雀巢日本分公司工作时，曾经提出了"雀巢咖啡大使"理念。随后我又开始思考，到底派谁来管理这些咖啡大使呢？如果我仍旧按照一贯的思维探讨商业模式，那么最终得到的也是20世纪的商业模式。于是我灵机一动，想到了"养乐多小姐①"和"办公室格力高②"模式。

但是这需要相当多的人力成本，收益也不太理想。而且就算不走这条路，在如今这个人力资源不足的时代，也很难以较低的成本雇到合适的员工。所以，这样做肯定是无法赢利的。

于是我换了一套思路。不雇用人力管理商品，而是让代理

---

① 日本养乐多公司推出的一种代言人合作模式。养乐多小姐的职责包括：按客户预约时间送货上门；负责介绍产品功能，进行消费者教育；定期上门拜访，负责在一定的社区内维护客户关系。——译者注
② 格力高公司推出的一种商业模式，即在抽屉样式的货柜中塞满饼干、巧克力等零食，任何商品都标价100日元，消费者自觉把钱投入货柜上的青蛙存钱筒里，格力高工作人员会在下一次补货时把钱收走。——译者注

店负责，一切全都靠"人们的善意"。我以为我已经尽可能地选出了"最优解"。

但完全依赖善意又何谈商业？经过试错后，我开始利用网络，让一群心怀善意的人在网上相互交流，满足他们自我实现的愿望。从那以后，我们的这项业务才进入正轨。

有时候率先考虑商业模式也不是坏事儿。从结果来看，注重 DX 手段确实能提高解决问题的成功率。

多考虑意外情况，思维就会变得更加活跃。向参考书寻求答案，最终会错过很多机会，所以创新更需要的还是自由畅想。我在本书中提供的方法未必百分之百正确，本书只是为了给你一个启示，让你更加深入地思考如何创新。

日本人也受到应试教育的"毒害"，我们的教育一直告诉我们什么是正确答案。但是进入社会之后，我们的工作几乎没有所谓正确答案。不论你是追寻正确答案还是坚持己见，最终都将一无所获。

不要拘泥于方法论和套路，先花时间去发现问题。同时，在思考的时候请先抛弃尝试。

20 世纪末 21 世纪之初，产业结构面临转型，我们要考虑是否可以使用新的动力源，即数字技术和人工智能技术来解决问题。

不可否认的是，使用数字技术和人工智能技术解决顾客已经放弃的问题，这种创新的成功率相当高。

自从发现石油、发明电气后，已经过去了 100 多年。即便我说，基于电气和石油能源的创新之路几乎已经被前人全都走了一遍，估计各位也不会感到惊讶。

之所以 20 世纪 80 年代之后很难出现令人耳目一新的产品，可能是因为基于石油和电气的创新已经开始落后。

同理，仅靠数字化也不能实现创新。要记住，DX 的目的是解决顾客已经放弃的问题。

数字技术和人工智能技术如今已经在全世界得到普及，人人都已经把 DX 当成一种让所有人生活更加美好的技术。

这样的默认虽然并非坏事，但是我认为真正的 DX 必然是一种"改变赢利方式的手段"，它的目的是解决顾客放弃的问题。

如果仍旧沿用传统的营业收入模式不属于创新，只能算是改良，那么只有以有别于以往的新思路，发现新的营业收入方式并解决问题才是创新。

不能理解 DX 的真正内涵，只是跟风式地进行数字化，这样做不会有效果。不改变营业收入方式，一切努力都只是自我满足。最终,所有人都无法实现创新。

不改变现状,日本企业的生产力、竞争力以及成长性都会逐步丧失,未来一片迷茫。

第二章
创新时如何发现问题和解决问题

发觉新现实的能力

本书的第一章主要强调如何定义创新,第二章则主要讲解如何发现问题和解决问题。两章内容构成了创新的方法论。

首先,希望各位理解一种发现问题的方法,即"新现实"的思维方式。

下面我来介绍一下"新现实"的定义。

随着时代和人们习惯变化而出现,并在很长一段时间逐渐形成于人们日常生活和企业环境中的事物,叫作新现实。大致是 10 ~ 15 年不曾改变的现实,这种现实并不会在几年内消失。

随着旧时代的现实逐步被新现实取代,我们也面临着有别于以往的新问题。换句话说,新现实带来了新问题。

为了实现创新,我们不能再只关注旧现实下顾客的问题,而要帮助在新现实中诞生的新顾客发现新问题。

创新时,我们总习惯关注顾客目前面临的问题。但只关注眼前的问题,就无法发现更重要的问题。即便发现了新问题,那么这个新问题也早就被顾客认识到了。解决这种问题自然不用创新,而需要用我在前文提到的改良来解决。

恕我再强调一次,创新是为了解决顾客已经放弃的问题。所谓顾客放弃的问题,首先应该是顾客已经确认"不可能解决"的问题。因为已经放弃,所以无法认识,即便通过市场调研也无法发现。因此,我们只能努力发现新现实中的新问题。

下面我们来看看新现实下创新的具体案例。

日本早已进入老龄化社会,甚至是超老龄化社会。但是我年轻的时候,老龄化现象绝没有现在这么严重。下面我来用数据说话(见图2-1)。

虽然老年人的定义是65岁以上的人群,但是我今年62岁,我和我身边的人都没有把65岁作为中年人、老年人的年龄界限。因此本书将老年人定义为70岁以上人群,我们看看这部分人的历年人口比例。

数据源于日本每5年一次的人口普查,1990年至1995年,70岁以上的老年人的人口占比第一次超过10%。

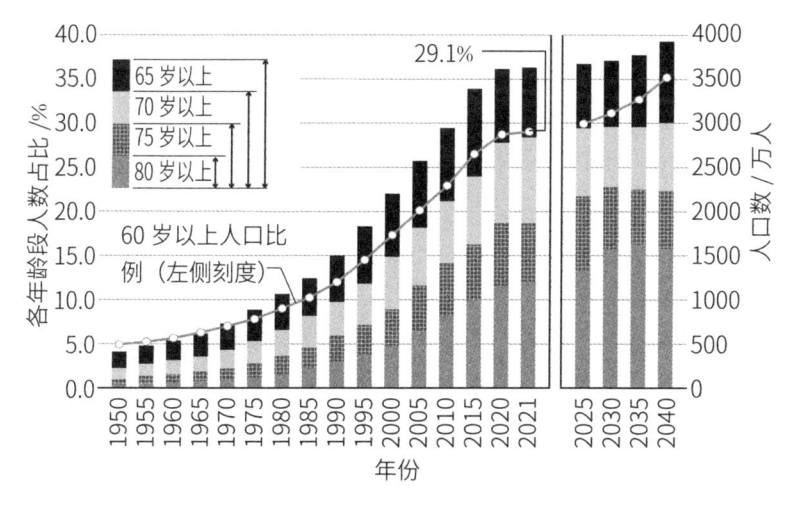

图 2-1 日本 65 岁以上人口比例变化

（资料来源：日本总务省数据）

此前虽然已有专家预言过日本老龄化社会的到来，但我们还是应该将老年人比例超过 10% 的 1995 年作为新现实的元年。近 30 年过去了，如今日本已经进入超老龄化社会，这就是日本面对的新现实。

在超老龄化社会的新现实下，我们必然会面临前所未有的新问题，比如"老人看护"问题。

我年轻的时候，日本的法定退休年龄是 60 岁。那时候，人一到了这个年龄，或者父母已经仙逝，或者已是"日薄西山"。

我 30 岁那年，也就是 1990 年，日本平均寿命为男性 75.92

岁，女性 81.9 岁。如果平均育龄是 25 岁，那么我 60 岁时，我的父母 85 岁。假设平均育龄为 30 岁，那么我 60 岁时，我父母就是 90 岁。虽然说出来有些无情，但是我退休的时候，我的父母很可能要先我而去了。因此我退休之后，如果孩子也独立了，那么我们夫妻俩只要考虑自己的生活就够了。

但是人们的平均寿命延长，日本进入了超老龄化社会，等我们退休的时候，父母身体还很健康。当然，这是再好不过的事儿，但实际情况是他们的身体会每况愈下，还可能患上认知障碍，结果本就成为老年人的我们，还要照顾比我们更加年迈的父母。

虽然目前日本政府仍有提高退休年龄的打算，但是我们的收入水平不可能一直保持下去。年龄越来越大，收入越来越低，还要照顾父母，这就是我们要面对的现实，它也让我们对经济状况感到更加不安。养老金只够我们自己生活，但不够承担看护费用。

这就是新现实诞生的新问题。除了超老龄化社会以外，少子化、可持续性、环境问题等，都是我们面对的新现实。下面请各位思考一下这些新现实会为我们带来哪些新问题。

超老龄化社会许久以前就已经存在，而且人人都能发现这个现实。所以，思考新现实的新问题其实没有想象中那么容易。倒不如说，正是因为我们很早以前就认清了这个新现实，所以很难在其中找到新问题。那就不要太过勉强，也无须寻找那些"只有自己才能认清的新现实"。

关键在于，如果我们只能看到"超老龄化社会"这个新现实，就没法发现更多的新问题。我们应该立足于超老龄化前（旧现实）的时代，去思考进入超老龄化社会后（新现实），我们的生活将会发生什么变化，会出现什么新问题。

从长寿社会到超老龄化社会的发展进程中，老年人也会面临很多新问题。同时，家有超高龄老人的儿女也会遇到种种问题。接收老年患者的医院更要面对各种各样前所未有的问题。

我们要站在所有人的立场去思考，这是了解顾客问题的关键一步。

但是日本是远离陆地的岛国，日本人只能接受眼前发生着的现实，却不擅长思考新的现实问题。在日常生活中，日本国民的个人价值很难被重视。这或许就是日本国民整体缺乏创新意识的原因。

问题不重要，深挖现实才重要

在雀巢日本分公司工作期间，我在老龄化社会这个新现实之中，发现了一些顾客已经放弃的问题，并为这些问题找到了解决方案。

在老龄化社会到来之前，日本面临的新现实就是小家庭化，而随着老龄化社会的到来，人们又要面对一人和二人家庭激增的新现实。

请看图 2-2，图示为近 10 年内，一人和二人家庭的数量一直在增加。这导致日本人口数量持续减少，但家庭数量却从 1980 年的 3582 万户发展到 2020 年的 5044 万户。

这个新现实使家庭饮用咖啡的方式发生了变化。

一个家庭，如果人数够多，那么大家一般会一起喝咖啡。因此主流的咖啡壶，一般可以满足一次冲三四杯咖啡。但对于一人、二人家庭而言，等量的咖啡还有剩余。剩下的咖啡放太久就会被氧化，氧化的咖啡实在难以下咽。

于是一次只冲一杯咖啡的需求就产生了。但是每次冲咖啡都要用到咖啡壶，这还是很麻烦。即便只喝速溶咖啡，每次也要烧开水，到最后人们还是觉得麻烦。

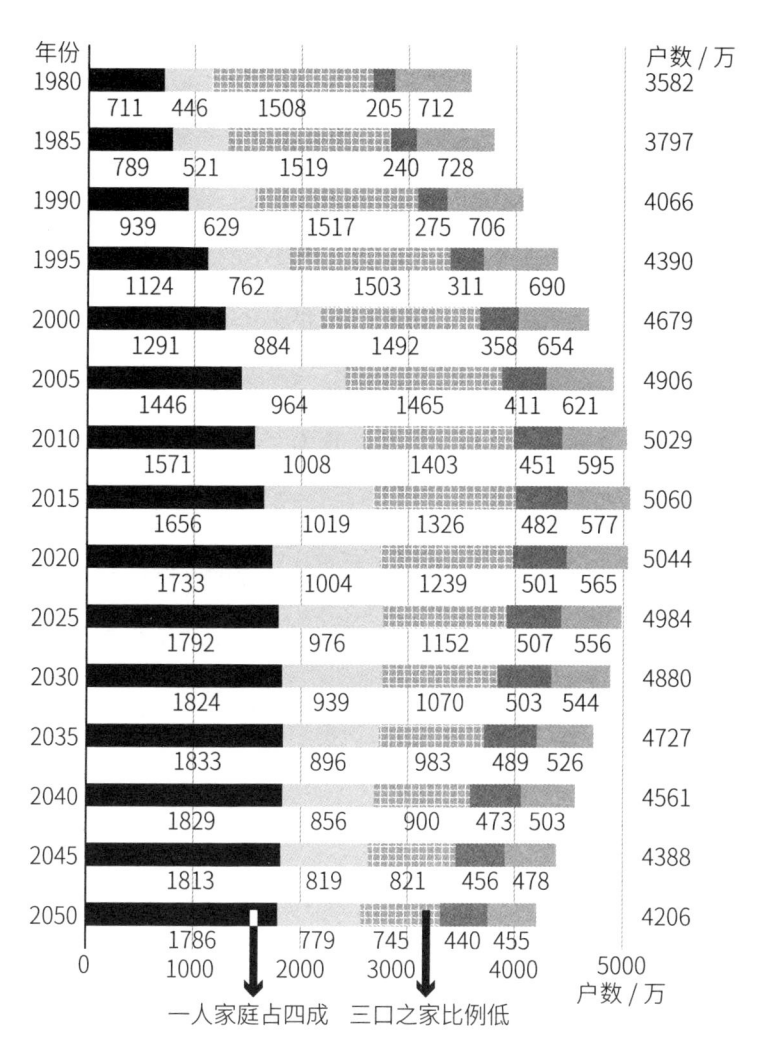

年份	一人家庭	夫妻二人	三口之家	单亲家庭	其他类型	户数/万
1980	711	446	1508	205	712	3582
1985	789	521	1519	240	728	3797
1990	939	629	1517	275	706	4066
1995	1124	762	1503	311	690	4390
2000	1291	884	1492	358	654	4679
2005	1446	964	1465	411	621	4906
2010	1571	1008	1403	451	595	5029
2015	1656	1019	1326	482	577	5060
2020	1733	1004	1239	501	565	5044
2025	1792	976	1152	507	556	4984
2030	1824	939	1070	503	544	4880
2035	1833	896	983	489	526	4727
2040	1829	856	900	473	503	4561
2045	1813	819	821	456	478	4388
2050	1786	779	745	440	455	4206

一人家庭占四成　三口之家比例低

■ 一人家庭　　夫妻二人　　三口之家　　单亲家庭　　其他类型

图 2-2　家庭类型户数趋势

[资料来源：日本《国土长期展望总结大纲》（2011 年 2 月 21 日，日本国家土地委员会，日本政策小组委员会，日本长期展望委员会）]

最后人们放弃了这个问题，要么喝放久了的咖啡，要么就只能把剩下的咖啡扔掉。也有人实在觉得左右为难，索性告别咖啡。

后来消费者选择饮用更容易保持新鲜度的番茄汁、蔬菜汁，以及早餐经常喝的养乐多。这些饮品抢走了雀巢的顾客，我们的对手居然不是其他咖啡品牌，而是这些果汁、乳饮品牌。如果没发现一人和二人家庭激增的新现实，我们也就不能了解产生这种现象的原因。

我认清了新现实，抓住了顾客已经放弃的问题，并提出了解决方案。我们推出了一款咖啡机（Nespresso，胶囊咖啡机），用户只要按一下按钮，就能做出一杯好喝的咖啡。

果然，这款咖啡机卖得非常好，自上市 10 年后这款机器溢价 50%，直到如今仍在销售。

不论速溶咖啡还是传统咖啡，都有类似这样的趋势，即人们不再关心咖啡豆的品质。雀巢胶囊咖啡机虽然也能冲出好喝的咖啡，但是口味能与它匹敌的咖啡品牌多不胜数。之所以我们能够持续溢价，主要是因为我们解决了那些每次只想喝一杯咖啡的顾客们的问题。

那么什么是新现实，什么又是顾客已经放弃的问题呢？

搞懂这些问题，离真正的创新实践也就不远了。

想要学会分析新现实，发现新问题，就要做一些必要的训练。如果只是随便想一想、谈一谈是不可能学会的。平时多思考，循序渐进才能成功。

我反复强调，不要从问题出发，而要从"新现实"出发。这是创新的利器。

新冠疫情下的新现实

提到新现实，我们不由得想起新冠疫情大流行引发的各种现实遭遇。但新冠疫情改变的现实并不是我们所说的新现实。

本书探讨的新现实，主要指经过 10~15 年"沉淀"的、稳定的现实。这不是立足现在畅想未来的所谓"预测"。毕竟，新冠疫情大流行下的"现实"，今后是否能成为定局，此事尚无定论。人类的未来走向仍旧无人知晓。

虽然新冠疫情不是长期稳定的现实，但是新冠疫情大流行的影响仍旧不容忽视，我们可以把这种影响看作新现实。

从建筑学的角度看，今后的建筑物或许应该考虑使用抗菌性更强的材料，并在房屋结构方面更加注重通风换气，或者保证建筑空间不密闭，人员不密集，不密接。

随着新冠疫情的大流行，线上办公日益普遍，今后这种形式是否会持续下去？倒不如说，人们本该更早地认识到新现实的到来，却没能正视这个现实。

但是新冠疫情是百年一遇的危机。

我们需要用长远的眼光来看待由过去不断积累形成的新现实，而不是过于纠结于短时间的变化。新冠疫情稳定后，后疫情时代将超过10年，此时新冠疫情造就的新现实才真正来临。

当然洞见新现实并不容易，所以我们也很难摸透顾客面对新现实时会放弃哪些问题。

如果不能做到时时用心、处处留意，你就永远看不到新问题。而当你看到这些新问题的时候，也就向创新迈出了一步。

顾客放弃的问题很难被发现

即便你向顾客询问，他们也说不清自己"放弃了什么问题"，因此一切都需要你自己寻找。

不过你也要做好充分准备，因为这并不像听起来那么容易。

如果顾客放弃的问题那么容易发现，那么全世界的创新本该更加丰富。创新不易，这主要体现在发现并解决顾客放弃的问题的难度上。

对于创新，我有一个建议，那就是先引起人们的兴趣。

虽然我这个建议显得很没水平，但这就是真理。如果人们对商品没有任何兴趣，那么任何营销手段也都是枉费心机。所以我们要具备优秀的考察能力，要能了解顾客的想法和愿望。虽然这很难，但是我认为只要勤于锻炼就能掌握。

人们在发现问题的时候，往往习惯运用工具、套路、大数据，这就容易形成一种机械性思维。

他们有可能只是为了使用而使用，想当然地"套用公式"，根本发现不了问题。但仍有太多企业和个人忽视这个事实，这实在令我痛心疾首。

大数据到底是什么时候变得如此火爆的呢？大数据还能继续火爆多少年呢？每年层出不穷的新工具、新套路，还有多少能被人们沿用？

那么使用工具、套路、大数据，能帮助我们实现什么程度的创新呢？

现实是，这些几乎没用！

所以我敢断言，我们要先了解顾客的兴趣，发现顾客的问题才是我们最该关注的。

发现了顾客的问题后,才能确定工具、套路和大数据的使用方法。掌握再多工具、套路,大数据再丰富,只要没能发现顾客的问题,这一切都派不上用场。

新现实会带来更多顾客放弃的问题,发现这些问题之后,再探讨解决问题的方法,操作难度较低。而发现新现实,寻找顾客已经放弃的问题是一个十分困难的过程。

许多企业能不断磨炼员工解决顾客问题的能力。一些商学院也经常推出解决问题的思维课程。

但是据我所知,目前还没有哪个地方能教会人们如何发现"顾客已经放弃的问题"。

因为几乎所有的人都没有完成一次创新的经历,也不理解创新真正的内涵,于是他们认为创新完全是一种偶然,或者是只有很少一部分天才的专利,只好放弃创新。他们还觉得即便自己再拼命训练,也不能实现创新。

但是我不这么认为。关键是要养成多思考的习惯。

想要学会创新吗?那么你明天就去试试多花些时间,想想你的顾客将要面对怎样的新现实,又会遇到什么新问题吧。毫不夸张地说,这就是唯一的办法。

这是个"笨办法",或许有人对此嗤之以鼻。

但它并没有想象中这么简单。认真思考那些本没有正确答案的问题远比想象中更令人疲惫。尤其对于我们这代从小就在背诵正确答案的人,简直是一场苦行。

此时此刻,或许各位脑中已经开始产生了新问题:如果我发现了新现实和顾客放弃的问题,是不是就能开始创新了?

即时性、效率、生产率——这些都是对"效力"的需求,但想要创新,就请你抛弃这些思维习惯吧!

那么,读了与商务相关的书籍,按照书中的要求去实践,很快就能产生结果了吗?即便有即时性,你一次性能掌握那么多本商务书籍吗?你学到的知识真的经过深入思考、研习,并能沿用吗?

遗憾的是,根本不存在所谓的万能公式,也没什么创新的制胜法宝,而且今后也不会出现。

你只能靠独立思考!一遍又一遍地思考!

闭门造车难免一事无成,因此我才要传授给各位一种正确的创新思维。当你掌握了这种思维方式,就会从发现顾客新现实、寻找顾客放弃的问题的过程中感受到无穷的快乐。

如果感受不到快乐,那就是你还没养成习惯。要知道,养成思考的习惯，才能让创新的种子发芽。

NRPS 法：认识、发现、解决

顾客放弃的问题即"难以发现的问题"。既然问题难以发现，那么它的正确答案也不好寻找。既然有的问题根本没有正确答案，那就不要觉得自己能推导出什么万能公式。

但我一直都在尝试发现新现实，我也提到过发现新现实的具体步骤。但这并不是一种代入变量仍旧成立的公式，我更关注思考的基础和顺序。

因为这部分内容十分关键，所以请允许我再次确认。

我们面对的虽然是"新"现实，但是这里说的现实是经过 10 年积淀，所有的人都能认识并感受到的现实。随着新现实的发展和流传，顾客放弃的新问题也会随之增多。新问题不断涌现，我们则要发现哪些问题跟顾客有联系。

当你经历一番苦心思索，终于发现了顾客放弃的问题，接下来就该努力思考解决对策。只有按照这样的顺序思考，创新的种子才能萌发。

请看下面的思维导图：

认识新现实（New Reality）

↓

由此发现顾客放弃的问题（Customer's Problem）

↓

解决顾客放弃的问题（Solution）

三个步骤各取首字母，就成了 NRPS 法。

NRPS 法是一种创新的模式，可以经常使用，并且这套模式已经促成了很多领域的创新。

学习商务技能，并不是为了寻找一种能让人们轻松得到正确答案的公式。即使你找到了正确答案，假如它不能带来创新，最终也是纸上谈兵。简单但有实际效果的法则更有利于我们学习。

我们用一个简单的例子来理解 NRPS 法吧。我们先了解一下新现实。

所谓新现实，就是人们普遍承认在长时间跨度不可逆转的进步，比如数字化社会。

2007 年前后，智能手机问世，不到 10 年，人们就切身感受到，数字化社会真的到来了。

社会已经不能回到旧时代了。所以数字化社会就是我们要面对的新现实。

数字化社会是我们面临的新现实，新现实也带来了前所未有的新问题。下面提到的这个问题则尤为严重。

黑客（用信息技术扰乱互联网环境的人）骗取企业或个人的信息。

这不仅是日本面临的问题，也是世界面临的问题。不少日本企业常常因为遭受黑客团队攻击，而导致大量机密信息泄露。

类似的风险就是数字化社会的新现实，在新现实形成之前，根本不存在这类风险。虽然我们的生活更加便利了，但是与此同时，新现实带来了很多新问题。

我们来看看新冠疫情对我们的影响吧。

越是这种百年不遇的突发事件，越能让我们发现平时难以发现的新问题。

我们举一个例子，那就是目前已经开始趋于稳定的"线上办公"。

新冠疫情暴发前，我们已经有了线上办公的条件。我在新冠疫情前，就开始考虑能否利用NRPS法处理人力资源问题。因此我大胆预测，当今信息技术发达，数字化社会趋于稳定，线上办公必然能够普及。我很好奇,人们是否真有必要,挤进摇摇晃晃的地铁,冒着患上流感或其他传染病的风险,去公司上班。

雀巢日本分公司在新冠疫情暴发前好多年,就开始了工作方式改革,引进了白领线上办公模式。通勤员工数量减少,意味着公司不需要过多办公桌椅,员工也省去了不少交通费用,实现了最小化办公室。

然而当年贯彻线上办公的日本企业还是凤毛麟角。从企业家的角度看,似乎员工都集中在办公地,才能提高生产效率和附加价值,而从员工管理的角度看,线上办公的弊端也很多。

然而受到新冠疫情影响,事出紧急,很多人确实无法通勤。

虽然很多企业被迫推行线上办公,但是出乎企业家们的意料,员工的工作效率反而提高了。线上办公的趋势不可逆转。如果有些企业家准备在新冠疫情之后叫停线上办公,那么我觉得这就是一种倒退,甚至是企业家的领导失误。

新现实必然引发新问题。这样的新商机也是创新的大好时机。

但要知道,新现实带来的新问题并不一定等于顾客放弃的问题。想要找到顾客放弃的问题,就要设身处地为顾客着想,观察他们，与他们交流，只要发现一丝可能性，就要下功夫深耕下去。

而且，用创新的手段解决了顾客放弃的问题之后，也可能产生新的问题。

问题虽然无穷无尽地出现，但是如果你能用 NRPS 法对事物进行深入且耐心的思考，你心中的创新种子就一定会发芽。

做好积累小失败的准备

即便我们有了 NRPS 这么好的工具，也很难发现顾客放弃的问题。

虽然我们费尽心思发现问题，又找到了解决方案，但是一项创新是否成功要在实践之后才能确定，可见创新的难度确实很高。

追求创新时，许多人害怕失败。他们最害怕一次重大失败降低了自己的身价。所以他们觉得风险太高，不值得用大量人力物力去尝试。

此时我们其实可以来一次小规模测试。

我在雀巢日本分公司工作期间，也遇到过类似情况。虽然我们是外资企业，但是我们的领导团队也不会支持你"积极创新不惧失败"。我们的领导其实最怕承担风险了。害怕改变，也是日本企业的通病。

那么如何避免重大失败，同时又能说服领导让你尝试呢？

不论是普通企业还是初创企业，如果你想说服领导和投资人，让他们给你提供预算，那么光靠讲PPT肯定没有什么说服力。

一般来说，我们要先提出具体措施，并制作出产品，进行一轮小测试，并反馈结果，这样才能说服领导和投资人。

这种思维方式就是日本在2012年才开始流行的"精益创业"。这种思维方式一经推出，就得到了广大商务人士的推崇。

可惜10年后的今天，这套理念早已退出日本的商业舞台。不过我认为这套精益创业理论至今仍然有效。这套理念完全可以在大型企业实践，而且它对于创新更是至关重要。

日本企业中几乎没有人品尝过伟大创新的滋味儿。而没有成功体验的人，根本无法判断创新是否成功。这就是他们缺乏创新"眼光"的原因。

特别是在日本，不论是准备创新的个人还是他所属的组织，或者是出资支持这个组织的投资人，其实都没有创新的眼光。

自21世纪以来，开放式创新备受推崇，不论是企业还是个人，都愿意以合作的方式进行创新。但是这种模式下进行的创新，却很少有初创企业和成熟企业取得成功。这或许就能证明创新者们多么没有眼光。

实际上我们只能实现改良，而不能保证让自己迅速高效地回流到初创企业。

虽然我在雀巢日本分公司工作，但是我也不过是雀巢集团的普通一员。在雀巢集团就职的经历告诉我，"胜者为王"是全世界企业的共识。

似乎是从我负责公司的奇巧巧克力业务时起，就不再征得外籍领导的认可，开始在自己责任范围内进行小型测试。如果结果不错就向上级汇报，如果结果不好，决不上报。结果哪怕是那些"很难搞定"的领导，我也能轻松说服他们。

我刚升任雀巢日本分公司董事长的时候，就不再向瑞士总部报告了，只要成本在我们的接受范围内，我就会进行小型测试。总部的领导虽然有时不同意，但是终究没有破坏我的计划。

当然，进行小测试肯定是不够的，重要的是通过小测试，我们能了解到什么。

那么我们做小测试是为了验证KPI之类的数值，还是检验观点的正误？其实我们只是要验证自己的想法——哪些想法是对的、哪些想法是错的。假如不能明确这一点，那小测试就毫无意义。

不论是大型企业还是小型企业，如果有投资人给你资助，你就要给他们一个"说法"。而精益创业的小测试，则能有力地证明自己的观点。我们要让他们再次认识到我们提出的策略的价值，并让他们采取我们提出的方法。

不过，我们不能保证小测试仅在公司内部就能完成。有时候公司同事的能力以及公司的资源，并不能支持我们发现顾客面对的新现实和他们放弃的问题，并制订出解决方案。

如果是这样，我们就要向其他公司寻求合作。即便不止于此，也应该向公司其他部门的同事寻求帮助。而征求他人的协作，自然要拥有好口才和热情。

按照我的经验，我们可能需要顾客以及相关的上下游企业、行业的合作。

在选择合作伙伴时，我们要考虑解决了这个问题是否对双方都有利。如果双方能从不同角度分析如何解决顾客的问题，那么他们合作的可能性会更高。虽然也有例外，但是这比起所谓目的单纯的开发式创新显得"实在"多了。

团队在后，个人先行

想要发现新现实以及顾客已经放弃的问题，与其团队作战，倒不如独立思考。

《哈佛商业评论》于2017年8月刊登了一篇名为《发现企业家型领导者》的论文。作者从世界各国选取了4000多位企业家和1800位自认为"自己是合格的管理者，但不是创新者"的商务人士，并对他们实施了同样的心理测试，随后对双方的测试结果进行对比。

经过测试，作者发现了企业家有别于普通管理者的三种特质。

第一种特质就是在不确定的情况下获得成功的能力。

用英语说的话，就是"Strong ability to strive in uncertainty"，也就是在不确定的环境下挑战新鲜事物的"strive（＝达到某种目标）"的能力，不论失败多少次都勇于尝试，不成功绝不放弃。

第二种特质就是"独立推进项目，希望项目迅速落地的强烈愿望"，也就是我们所说的主人翁意识。

创新并不需要听取他人的意见。换句话说，只有你能风风火火地把自己的深思熟虑变成行动，才配得上企业家的称呼。

第三种特质就是"说服他人的能力"。

但是一个人的力量毕竟是有限的。企业家光靠自己实现理想，那简直就是无稽之谈，想要实现梦想，一定要得到帮助，因此我们需要说服我们的伙伴，与他们联合起来。

这三种特质就代表着创新者的能力。

不过即便组织和团队决定共同采取行动，创新的想法也只能来源于一个人。

只有领导者具备百折不挠的恒心，以及将自己的想法变为现实的强烈愿望，才有必要组成团队。在结成团队之前都要靠你个人努力。因为如果一开始就搞创新团队，不论是决心还是主人翁意识都不充足。

我读过这篇论文之后，深深理解了个人的重要性，因此我在雀巢日本分公司设立创新奖的时候，就要求员工独立参加。

当然由于创新方向不同，最后员工也可能形成团队。但至少在提议阶段，我还是要求员工独立参加。这也是为了培养他们的责任感、进取心以及说服他人的能力。

恕我说得太直白，如果从一开始就"拉帮结派"，恐怕绝无创新的可能。我们需要的是"独"具匠心的思路。

但是创业需要召集合伙人，所以个人也要拥有组建团队的能力。

创新者要拥有企业家精神，至少他们的领导能力要足以凝聚周围人的力量。

没有套路

在发现新现实的过程中，我从未使用过营销套路。当然，并没有人禁止我使用，但我认为使用套路和定式，会束缚人的自由意志。

然而使用再多工具和定式，也未必能帮我们找到顾客放弃的问题。这也是发现顾客放弃的问题的难点之一。

找一本商务书籍学习定式和套路，这是大多数人的选择。但读书就不算独立思考了。学习公式、输入数据，最终也未必能找到答案。所以你自己的想法才是最重要的。

我们习以为常的工作其实都是"任务"。而我们白领的工作，其实并不是为了完成任务，而是为了思考并创造新价值。所以你应该重新计算一下，你的工作时间中有百分之几是用来思考的？

我在雀巢日本分公司进行过一次内部调查，结果显示，员工仅有6%～7%的时间用来思考，其余时间全都用来完成任务。

这样怎么能做好创新呢？

我感到一丝危机，于是设立了创新奖，鼓励员工锐意思辨。

亚马逊公司如何解决顾客的问题

那么如今引领全世界的 GAFA[①] 和其他大企业在进行伟大创新的时候，遭遇了怎样的新现实，又是如何解决顾客放弃的问题的呢？下面我们就从 NRPS 法的角度分析。

1994 年，"电子商务"一词诞生。

此后中美两国在全世界电子商务市场中取得了骄人成绩，并在各自国家内形成了巨大的市场。亚马逊公司创立于 1995 年，而到了 2000 年，又一大电子商务巨头阿里巴巴集团控股有限公司成立了。

这一切并非偶然。

美国和中国领土面积广阔，这两个国家不论是领土面积还是人口数量都领先世界。

---

① "GAFA"是"Google, Apple, Facebook and Amazon"的缩写，意思是谷歌公司、苹果公司、脸书母公司和亚马逊公司。——译者注

但是两国人口密度并不高，截至 2021 年底，中国人口密度为每平方千米约 149 人，而美国的人口密度为每平方千米约 36 人。而日本人口密度为每平方千米约 344 人，这样看来，中美两国人口密度确实很低了。

换句话说，两国的共同点是城市人口稠密，越靠近乡镇，人口越稀疏。大超市、大卖场商品琳琅满目，如果在乡镇开店意义不大，而乡镇居民每次采购都要走较远的路，对他们来说，购物实在是一件难事儿。城市的购物环境好、便捷性强，乡镇则有诸多不便，这就是拥有广袤国土的国家需要面对的新现实。

在美国，乡镇居民也就是那些无法享受城市购物环境的人们，只有周末才能驱车去超市购物，每次都需要采购大量商品。由于离他们最近的超市，不一定有他们想要的商品，所以他们只能去其他超市购物。

而且大量采购也是一种体力活儿。美国的乡镇居民已经习惯了这种生活方式，他们根本不会考虑如何改变现状。

"买东西需要花很长时间，去很远的地方，所以我们不是想买什么就买什么，而是有什么就只能买什么"——这就是他们放弃解决的问题。

对于这种新现实和顾客放弃的问题，亚马逊公司给出了解决方案，那就是电子商务。

"在网上就可以选择自己喜欢的任何商品，想买多少就买多少。而且也不需要驾车购物，商品直接就会被送到自家门口"——顾客放弃解决的问题已经得到解决。

美国和中国比较类似，这两个国家缺少商品丰富的零售店，所以他们在电子商务方面才会领先于世界，市场份额也十分可观。

对于电子商务而言，只要保持足够的仓储空间，就能让多元化的商品流通起来。这和那些由于空间有限，只能根据顾客喜好调整库存品类的超市并不相同，电子商务没有距离限制，哪怕天南海北，也一定能买到自己想要的商品。

总之，一些产品可以通过电子商务提高销量，比如成箱销售的矿泉水，或者大型犬的宠物食品等体积、重量较大的商品。当然，配送工作确实比较辛苦，但电子商务对于顾客而言绝对是一大福音。

而且越来越多的人每天都在网上购买日用品。拿我们雀巢的产品来说，咖啡胶囊[①]每月的消耗量比较固定，所以只要顾客

---

① 雀巢胶囊咖啡机专用的咖啡。——译者注

申请定期购买（包月），每个月就能收到定量的咖啡了。我们也在利用电子商务为顾客解决问题。

电子商务在日本推广得不好，但日本的奶粉在世界上却很出名。因此，日本电子商务一经推出，卖得最火爆的就是奶粉了。

20世纪，互联网还没出现，因此购物困难的问题早就被人们放弃，而电子商务恰恰解决了这个问题，也正因为如此我们才能拥有现在的生活。

煤炉平台的创新

日本的煤炉（Mercari）[①]也采用了NRPS法。

我有两个女儿，由于我们住得比较近，所以她们经常会带着外孙来找我玩儿。她们每个礼拜都来，每次穿的都不一样。

"你们还挺有钱的，动不动就换新衣服。"

听我这么说，女儿解释道："爸爸，说什么呢？都是在煤炉上买的啊！"

原来她们不是每周都要买新衣服，而是在煤炉上买旧衣服，

[①] 日本知名C2C二手物品网络交易平台。——译者注

同时把自己的衣服再卖出去。这解决了什么问题呢？

看出来了吗？煤炉解决了"服装因为过时而浪费"的问题。

有一段时间，女性会频繁购买新款时装。因此商场的女装专柜可能会独占三四个楼层，一到打折季，从早到晚人满为患。但是流行趋势总是在变化，今年买的衣服，到了明年就不流行了。女性仍旧热衷于购买服装，而放弃了解决这个问题。

当然，有一部分消费者会购买旧服装。但他们买来也不单是为了穿，而更像是一种收藏。

这就是过去的现实。

但这也遗留了很大的问题，比如可持续发展问题。人们十分重视防止食品浪费，也想尽办法解决这个问题。但好好的衣服，只因为不流行了就被扔掉，这实在可惜。

明明世上有那么多人买不起衣服，有人还在随手丢弃服装。如今对这种行为的批评已经极为普遍了。

同时，过去人们很难接受旧衣服，但这十几年来，人们的观念已经改变。在日本的二手市场上，已经有越来越多的人把旧衣服和新衣服放在一起销售，人们已经不像原先那样抵触二手服装了。

人们不再抗拒二手服装，因此也不舍得把几乎全新的服装扔掉。这又是一种新现实。同时，每年购置新装，开销更大，这又造成了资金方面的问题。

这样的新现实自然也给顾客带来了新问题,而正是煤炉给出了解决方案。

煤炉是网上二手商品交易平台。在这个平台上,不论是旧衣服还是几乎全新的服装卖得都很便宜。

人们一般会在周末把自己不需要的东西带到二手市场销售。用现在的流行语来说,这也是一种展销形式。二手市场本身是为小型社群提供服务的平台,而煤炉将这种形式带到了互联网上,扩大了应用范围。

"二手平台用户不是拍卖师,并不讲究'价高者得',而是希望给自己'弃之可惜'的东西找个好买主。这些用户还会用赚到的钱再购买自己偶尔会用到的其他二手商品。"

这就是煤炉的本质。

这类需求深藏在人们内心深处。但有些人还是不太愿意往二手市场跑一趟。

为了解决这个问题,煤炉的创新利用了全球"畅通无阻"的互联网。本身是小型社群的交易模式,在互联网的加持下,竟然拓展了无限的可能性。

雀巢日本分公司的电子商务革命

如今，越来越多的人到了退休年龄，仍旧有继续工作的强烈愿望。

本来60岁退休还是有点儿早，如今已经是人生100年时代，我们都要度过漫长的晚年。除了解决养老问题以外，很多人愿意继续参加工作的原因是为了排遣不安。

虽然越来越多的行业把退休年龄延长到65周岁，但是从职务上退下来，相应的岗位津贴也会被撤销，工资减少最终导致收入减少。这又是我看到的新现实。老年人对晚年感到不安，但自己能力有限只能放弃解决这个问题。

同时，在信息技术、人工智能等数字技术革命期间，电子商务的需求不断增大，这种新现实已经趋于稳定。

另外物流人手不足导致货车司机劳务费用提高，厂商物流成本大幅上升。我还记得，日本大和运输公司被曝出未支付员工加班费，此后人们才开始认识到快递费的合理性。

电子商务不断发展，也造成很多人的家中积压了大量快递盒。每次网购，都会让家里多出一个纸盒子，但日本规定每周只有一天专门回收纸盒箱，这就造成了不小的麻烦。

面对种种新现实，作为雀巢日本分公司的总裁，我与全球总部承诺将电子商务销售从 0 提高到 20%。于是我开始在公司推行电子商务模式，希望以此提高销量。

但是大和运输公司的运输费涨价了，导致我们电子商务的物流成本提高了 3 倍。虽然困难重重，但是考虑到大和运输公司也有自己的难处，最终雀巢日本分公司选择妥协。

我们解决问题的方法是，构建一套雀巢日本分公司专属的配送体系，即"Machi-Eco 便"。

在老龄化社会背景下，很多老年人其实不太出门，不论新冠疫情前还是现在，这种情况都没有什么变化。

虽然精力旺盛的老年人还会继续工作，但是用人单位不会再聘用 70 岁以上的老年人，哪怕只是做兼职。但他们还是有赚零花钱的想法。

雀巢日本分公司聘任一群老年人，为附近的邻居配送他们在雀巢电子商务网站上购买的咖啡胶囊和其他耗材。

那么要到哪里去拿货呢？产品的备货点可能会有些问题。

通常，我们会把商品暂存在大和运输公司，再让大和运输公司分送到各地区，然后由大和运输公司的快递员送到收货地。雀巢日本分公司的方式是联合全国报刊店，让这些店铺暂时作为我们的备货点。

这10年，报刊发行数量急速减少，因此报刊店的经营状况很难，而这也是一种新现实。同时还有一个长期性问题，那就是除了早报和晚报派送以外，报刊店全天其他时间真的很闲。这种状况也会让报刊店产生拓展新业务的念头。而且报刊店的空间也能存放商品。

于是我们设计了这样一套方案，即在报刊店临时放置货物，再由当地老年人负责提货和配送。我们将之命名为"Machi-Eco便"，并在小范围内进行了测试。

我们证明了这套模式是可行的。随后继续推广Machi-Eco便，最终我们在全国召集了3万多名老年人参与配送工作。雀巢日本分公司的电子商务的20%都通过Machi-Eco便实现，配送成本也大大降低了。

同时，我们的商品全都用环保袋配送，这样既不浪费纸盒箱，又减少了垃圾。

而且，仅靠货车配送对环境也有影响，大城市和大城市间的运输，还要靠日本铁路的支持，因此我们也实现了一次转型。

由于新干线不会排放尾气，所以我们在节约成本的同时，也保护了环境。Machi-Eco便解决了可持续性问题，并节约了成本,还克服了货车司机人力不足导致的配送困难。

虽然我们凭自己的能力难以实现计划,但是我们还可以联合其他遇到困难的人或行业,互利共赢。因为建立伙伴关系,才有可能提供新服务和新的解决方案。

在这个案例中,我们发现了老龄化社会中,那些被孤立且收入难有保障的人们,以及想发挥余热的人们,并与他们结成伙伴关系,保障了劳动力和社会的联系。报刊销量锐减,报刊店经营困难。我们则利用了报刊店的存储空间,也帮助报刊店开辟了副业。

协作催生了新服务,也为我们的创新提供了新的可能。

第三章
为什么日本企业不会创新

企业家们固守的"日本股份制公司模式"

2010年,我刚刚担任雀巢日本分公司的董事长,随后我有幸见到了近代营销之父菲利普·科特勒教授。

教授问我:"日本从经济高速发展期到泡沫经济崩溃为止,这个阶段都是擅长创新的国家。但日本随后为什么会走下坡路呢?"

我一时间无法作答。

但是我对此耿耿于怀,因为作为日本人,我有回答科特勒先生提问的义务。最后我得到的结论是:日本人从战后到泡沫经济崩溃的这段时间是十分特殊的。

众所周知,第二次世界大战后,日本迅速实现了复兴。

1945年,日本总人口约为7200万人。到了1990年的泡沫经济时期,日本经济发展达到顶峰,这45年间,日本平均每年增加100万人口,最终日本人口达到1.23亿人,足足增长了5100万人。

旧时代我们曾经提出过"殖产兴业"的口号，第二次世界大战后又赶上人口数量激增。而这些人口也成了迅速复兴的动力之源。

日本作为战败国，一切要听美国的安排，因此也加入了资本主义阵营，我们开设公司，开始了生产活动。开设公司自然需要有股东，也就是投资人。但日本战后满目疮痍，哪有那么多有钱人呢？按照惯例，战败国只能引进外资。

但是当时日本的政治家和文人都不支持这个办法，他们把目光投向了银行。换言之，银行不仅要帮助企业融资，还要作为大股东支持公司的发展。

此后的经济高速发展期，日本企业的投资愿望强烈，但也陷入了持续性资金短缺的怪圈，最终形成了一种主银行制。

主银行制即某公司向某银行借贷款项最大，则该银行除了会为该公司提供经营建议以外，还会以持有该公司股份、派遣董事等多种手段，和该公司达成资金和人员上的密切联系。其最大特征就是，一旦企业陷入经营危机，银行方面会全面支援该公司。

不过，日本独创的制度也带来了不少副作用。

驻日盟军总司令制度导致财阀解体，战后复兴后的一段时间内，日本几乎都是中小规模的企业。人们只希望企业迅速成长壮大。于是银行大股东普遍不要求分红。

本来股份有限公司的董事会成员都十分关心企业的经营状况，一旦有纰漏就要向企业家追责。但他们一不追责二不要分红。结果日本企业的股东大会成了毫无意义的碰头会了。

既然不需要分红，企业对于利润和效率的重视程度就不高。赚到的钱很快就会被投入公司发展上，其次才会考虑股东的利益。这边生产，那边就售罄，所以企业只要考虑扩大产量就够了。换言之，那个年代不需要懂什么经营学，只要办公司就能赚钱。

为什么能如此轻松？一切都因为，企业的大股东是银行。从此之后，日本企业陷入了"销售至上"的怪圈，只关心产品销量。

另外，当时的人力成本也比现在低得多。日本当年是战败国，也是新兴经济体，人力成本当然低，不过日本人很勤劳，工人素质非常高，而且日本当时的人口每年都增长 100 万左右，他们就是廉价且高素质劳动力的保障。再加上日本的工艺水平很高，有能力生产高质低价的产品。

有了这样的条件，日本企业的竞争力的确提高了。全球业务拓展也变得很简单，随后自然是日本产品风靡世界。

日本的股份制公司形成了一套成功的新兴经济体发展模式。但是在经历了泡沫经济崩溃和"失去的10年"后，日本企业至少应该改变经营策略了。但是，日本企业还是没有改变策略，最终造成了"失去的30年"。

当然，日本作为战败国，实现了复兴，也走到了世界经济的前沿，这一切都因为以主银行制为核心的日本股份制公司体制，这点不容否定。但是，日本一直都沉浸在这种幻想中，迟迟不能摆脱战后复兴模式。

最终是日本企业的生产率始终处于较低水平。

想要摆脱战后复兴模式，就要想办法把人均GDP（见图3-1）拉高。因此，提高劳动生产率势在必行。

但是日本企业目前只能喊口号，离实现目标实在太远了。因为直到现在，还有那么多企业家认为，即便不创新，公司也能发展。

我认为，只有从日本股份制公司模式完全解脱的日本企业才能学会创新。

如果企业家和员工没有忧患意识，也就不会认识到创新的必要性。我不能保证只要认真思考就能实现创新，但我敢说，

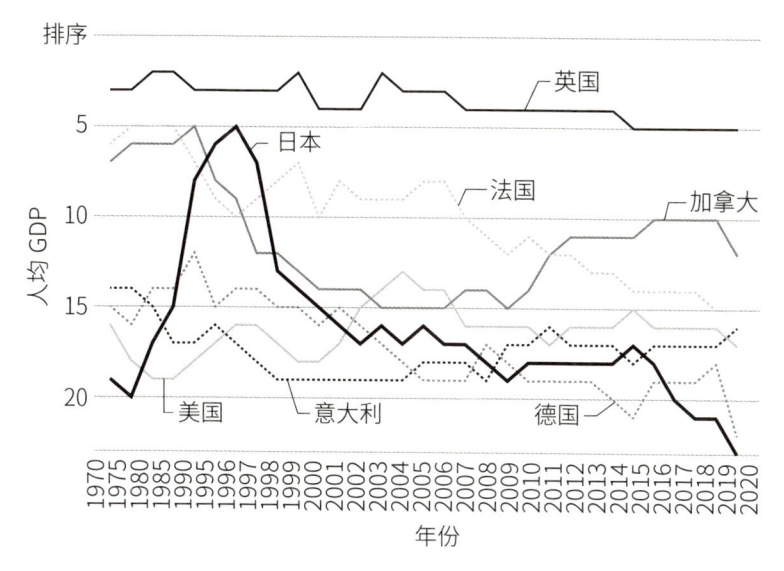

图 3-1　主要发达七国国民平均 GDP 排位变化

不认真思考就绝对没有创新的可能。

创新难成的四个原因

没有创新的眼光

创新难以成功的最大原因就是,现在的企业家往往缺乏成功创新的经验。因此,他们的创新能力也算不上一流。

既然他们不知道成功创新的方法,又怎么能让自己创新的种子萌发呢？换句话说，他们没有创新的眼光。当今日本企业的一流企业家，都不是那种敢于创新的领导者，他们不过是管理能力较强的高级经理人。

这种倾向从第二次世界大战后持续到现在。专业的企业家凤毛麟角，我只能举出松下幸之助、盛田昭夫、本田宗一郎几位企业家，他们都是身兼业主经营者和创始人两个身份。而且正是因为成功的创新，他们才取得了今天的地位。而那些"打工型总裁"，他们的名气完全是借了名企的光，而不是靠锐意创新换来的。他们很难在日本社会留下"足迹"。

目前还在任的企业家，比如软件银行集团的孙正义、迅销公司的柳井正、日本电产株式会社的永守重信、似鸟控股集团的似鸟昭雄等，他们都是业主经营者，而非职业经理人。

2003年，经济学家亨利·切斯布罗（Henry Chesbrough）提出了"开放式创新"概念。此后开放式创新在日本流行起来。如今各大企业、组织都成了开放式创新的大本营，但日本始终没有诞生足以改变世界的创新。

事实上企业家们甚至不知道应该向哪个创新方向投资。因为这些企业家虽然能够决策投资的方向，但是他们没有创新的经验，更不了解创新的本质。

至少我希望他们能去读一下本书的第一章、第二章，要知道创新就是解决顾客放弃的问题，解决顾客已经发现的问题不算创新，只能算是改良。想要了解到这一层，首先就要认识新现实，这是创新的必由之路。

连创新的内涵都不了解，就口口声声说自己正在"搞创新"，这简直令我感到汗颜。

那么到底要怎样创新呢？

我认为只有搭建了开放式创新的平台之后，我们才能实现创新。

但遗憾的是，如今日本大多数企业家根本不了解创新的定义，他们的创新不过是一种心血来潮的作秀。这就是我对他们的印象。

不论是对于立志创新的新企业家，还是对于那些隶属于企业准备大展拳脚锐意创新的员工而言，如果出资方或者有决策权的领导本身没有创新的眼光，那么他们内心的创新之芽其实很容易枯萎。

营销知识储备不足

很遗憾，营销知识储备不足也是创新困难的原因。没有丰富的营销知识，也就等于缺乏商务知识。

日本企业往往把营销当成广告和宣传。从这点来看，在商务方面，日本企业和国际企业之间的差距还是很大。

在日本股份制公司模式下，只要有人生产产品，有人销售产品就够了。因此，日本厂商的管理者几乎都是制造或者销售部门出身。

我们要认识到，营销就是经营本身。换言之，营销不只是市场部门的业务，也是生产、财务、供应链、人力资源部门的业务。

各种身份的人为我们启蒙，越来越多的人开始把营销作为一种尝试，并努力学习。但是日本现在真正能够创新并实践的企业仍旧是少数。

营销知识不只包括如何创新，营销是一门能让企业迅速成长的"大学问"。长久以来，日本不太重视这方面，最终成为创新难成的理由之一。

缺乏对接机制

市场上既有希望创新的大企业，也有已经有了创新计划的初创企业，而如何实现这两类企业的对接，对于实现创新尤为重要。但在这方面，日本企业和国际企业相比，又慢了一大步。

一般而言，初创中小企业更容易创新。因为企业规模小，领导能够直接统领全局，更好地掌控企业的动向。因此企业规模越小，也就越容易创新。

但是小公司的资金储备不能和大企业相提并论，而"财大气粗"的大企业，可以投资这些已经有创新计划的初创企业，或者投入公司资源帮助小企业创新，最终实现双赢。但日本企业在这方面的对接做得很差。

企业越大，越难以挑战新的方向，小企业、小团队才更适合创新，这已经成为全世界公认的事实。

德国 BioNTech 生物科技公司也是和美国大型制药企业辉瑞公司合作，才成功研发出了新冠疫苗。

另外我的老东家雀巢公司，作为全世界最大的食品公司，虽然也排进了全世界公司市值排行榜前 20 名，但是雀巢公司放弃了公司内部创新，而是收购全世界的初创企业，培育创新的种子。

创新缺乏资金支持

资金对于创新同样重要。在日本，企业创新资金不足的情况尤为明显。换言之，初创企业都很缺钱。

在美国，初创企业最多可以筹集到相当于5万亿日元资金，其中2.5万亿日元来自风险投资机构，另外2.5万亿日元来自天使投资人。但在日本的初创企业顶多能筹集到500亿日元启动资金。

日本的大企业在这30年间，只知道积累利润，以备不时之需。但未来的不确定性仍旧让人倍感不安，再多的资金储备也不能保证企业长久。

积累了大量财富的日本大型企业如果想成为擅长创新的国际企业，就要学会合理运用手头的资金。

这四个原因互相贯通。日本企业没有创新的眼光，不了解营销，所以就无法制定战略，没有眼光也无法对接到合适的合作伙伴，也不敢投资。这就是日本企业！

如果日本的大型企业不会换掉目前的总裁，这些老总们也无法独立完成创新，那么我希望他们至少要锻炼一下自己发现优秀创新项目的眼光。这样他们才能利用丰富的资金，投资初创企业。等到创新真的展现了一定的成果，再把公司的资源全都投入进去，让创新开花结果。这就是跨国企业极为普遍的投资战略，我认为日本企业也应该积极地采取这样的战略。

高级管理人员的认可

森林大厦公司在港区虎之门开设了"ARCH 虎之门创业孵化中心"。很多大企业都在这里孵化自己的开放式创新项目。下面来看看 ARCH 官网的介绍吧。

"ARCH 是世界第一家以改革、创新企业为宗旨的孵化中心。我们聚焦拥有丰富资源和营销网络的大企业所独有的可能性与课题,在硬实力和软实力两方面提供支持,助力企业创新。"

我想这就是进入孵化中心的大企业创新部门负责人最为在意的问题吧。

不过,即便你制订出一个有趣的商业计划,当你把计划讲给直属领导或者老总请求批准,他们大概会对你说:"你对计划有信心吗?能成功吗?收益如何?"最终你的计划可能不了了之。

创新和开辟新业务多少都会冒些风险,不去尝试又怎么知道能不能成功?如果还没正式应用,就已经确定了收益,那就不算创新了。但这就是我们日本企业的现状啊!

东京电视台曾经报道过 ARCH 虎之门创业孵化中心,当时还邀请我发表评论。当时我表示:

"加入这个孵化园的企业有很多，但这些企业的老总们会经常来这里视察吗？这点很重要，老总们如果真心创新，每个月至少应该来视察一次。"

想要实现创新，就要得到老总对计划的认可，真心诚意才能做好创新工作。但是到底有多少企业的老总能保证经常下基层视察创新情况呢？如果只是入驻当天来剪个彩，此后一次都不露面，那么恐怕这样的企业是没法创新的。

这里仅仅是举一个例子，但也足以证明日本企业的创新往往缺少最高领导层的支持。创新是一种经营上的决断。实际上真正工作在创新第一线的人是我们的员工，而老总需要的是眼光、战略和对于投资的判断。

帮公司积累财富，工作 4~6 年就从岗位上退下来，这种事情谁都能做到。而只有正确评价风险，眼光敏锐，勇敢地投资初创企业的企业家才是真正的智者。

1998 年，日本企业平均现金和存款普遍为 180 万亿日元，而到了 2020 年，这个数字几乎翻了一倍，即 340 万亿日元。当然，我并不是主张把这些钱全都用于创新。但就算我们拿出 1%，也就是 3.4 万亿日元用来投资创新项目，我相信如今日本企业也不会是现在这番光景。

害怕小失败

不仅是日本企业,放眼全世界,企业越大就越难创新。原因之一就是,大企业更害怕失败。

大企业的一次失败,很可能让公司崩溃。而我们这些企业人其实最怕公司倒闭影响自己的发展。同时,创新、拓展新业务都比较容易失败。一旦创新失败,主导者的名誉必然受损,这自然是他们不想看到的结果。

"害怕失败"就是阻碍创新的最大原因。

因此公司总裁、董事会成员和管理团队的其他成员都应该展现出迎难而上的魄力。

"在我的权限范围内尽量尝试,不要担心失败!"

只有跟员工这样说,他们才能放心地开展工作。一边进行小小的试错,一边推进创新工作,这对于管理层来说也是一样的。

同时,员工觉得自己得不到管理层的认可,肯定做不好创新。所以他们只能在明确失败风险的基础上,尽力说服管理层同意让他们尝试。而想要让自己有足够的语句,那就一定要学会使用 NRPS 法。

"这个我知道。"

"听上去没有什么新意嘛。"

我听到过类似的声音。

确实有时候我们的创新项目在起步阶段没有什么新意。

但是要知道,如果一家公司的管理层对创新的评价如此低,那么创新对于他们来说就太难了。

为什么这么说呢?

因为日本人从来没有重视这个问题,也没有认真想过做出改变。

如今越来越多的企业为了创新改变自己的组织架构,设立新部门主导创新。但只是改变架构其实意义不大。想要彻底改变不重视创新的"陋习",与其发挥所谓"集体智慧",倒不如每个人都开动脑筋,积极思考如何创新。

只改变组织架构,而不转变思想,最终还是一事无成。

第四章

创新是向外扩张的

创新的关键是多元化思维

希望各位不要把创新误解为"聪明人"的专长。学习能力、工作能力与能否创新关系不大。

关键在于，利用 NRPS 法，发现普通人难以发现且已经被顾客放弃解决的问题。学会了这个本领，你也能成功创新。

但遗憾的是，学校没有教会我们这些本领。

学校教育有很多缺陷，其中最大的缺陷就是没能培育学生的多元化思维。

只教会学生什么是正确答案，而不能让学生学会接纳多方意见，这就是日本无法培育多元化思维的原因。

那么，为什么说创新需要有多元化思维呢？

近年来，日本也开始提倡培养学生的多元化思维。但是日本强调的多元化，主要指男女机会均等。当然，这也是多元化思维的应有之义，日本在这方面离发达国家的距离还很远，亟待普及。

但创新和男女机会均等的关系并没有那么大。日本作为一个岛国，女性和男性在同样的环境中接受教育，因此女性和男性的思维方式存在差异，反而对创新有一定的帮助。

另外，职场女性管理者比例逐年上升，但是即便男女比例达到50∶50，如果女性管理者没有创新的眼光，那么最终也无法实现创新。

从我的经验来看，通过一些简单的问题，就能发现顾客放弃的问题。

"为什么要这样做呢？"

"为什么要那样做呢？"

日本人没有多元化思维，而是从小被灌输单一文化，但日本人似乎没有意识到这点。因为人们认为这一切都是习以为常的，所以没有任何疑问。

"原先就是这样的啊。"

"虽然我不知道理由，但这也是人家教我的。"

之所以会有人这么说，就是因为人们的思维陷入了停滞。

我们不妨试一试，去问问员工"为什么你现在的日常业务是这样的？"我猜大多数人只不过是听命行事，而不知道自己工作的意义。

如果是对日本国情不了解的人，那么肯定会对我们的习惯产生疑问。

想要回答这些问题，我们就要回到原点，先想想怎么跟这些不了解情况的人说明情况。

这里我们需要使用多元化思维，而这种思维正是创新的关键。

如今欧美国家的创新项目此起彼伏，受益于移民和留学，各个种族、国籍的人们汇集于此，通过文化的兼容并包，他们拥有了多元化思维。

创新的思维模式，也就是 NRPS 法，就需要有多元化思维。多元化帮助他们打破了思维定式。

我认为，只有打破思维定式，在我们寻求答案的过程中，才能让创新萌发。

阻碍创新的正是规则或惯例。但日本人的"美德"就是遵守规则和惯例。日本的教育会把规则和惯例深深地刻在每个人心中。

这样的"土壤"怎么能让创新的种子发芽呢？

我受到的就是这样的教育。直到我加入了雀巢集团之后，才逐渐拥有了多元化思维，把日式的固化思维彻底抛弃。我建议你现在就开始使用 NRPS 法，结合多元化思维，并允许员工失败，一切都来得及。

即便你没有出国学习的机会，至少有机会摆脱日式思维的束缚。把自己想象成其他国家的人，把所有的习以为常变成不同寻常吧！去想想，为什么日本人老是这样做？日积月累，你就会对所谓的"常识"产生疑问。

"等一等！既然新现实已经出现，那新问题一定就在眼前！"——多元化思维会让你养成面对新现实，先停下来思考的习惯。

瑞士总部的提问

下面讲讲我发现多元化思维重要性的契机。

我在日本读完大学之后进入外资企业雀巢日本分公司工作。虽然我就职于外企，但我从未从日本子公司调到其他国家的集团公司，我只在雀巢美国公司学习了一年，当然主要是为了学习英语，我也没有在瑞士总部工作的经验。

这些经历让我成了自从 1913 年雀巢日本分公司成立以来，最年轻的部门主管，要知道我被提拔那年刚 30 岁。

调入管理岗后,我就不能只和日本员工打交道了。我必须向瑞士总部负责同一品牌的上级主管汇报工作。

当时我们只能用电话交流,连邮件都没有。所以我每次跟领导汇报都是实时的!当然,瑞士总部的领导完全不了解日本的情况。

那位领导经常问我,日本人的潜规则、习惯、默契是什么。比如"为什么日本应届毕业生招聘每年只有一次啊?"

对日本人来说,当年 4 月份入职的员工,就是从前一年大学应届毕业生中选拔出来的,这是再平常不过的事儿了。但突然有人问你这个问题,你有把握当场给出答复吗?

在日本当前的社会规则下,高中生的大学升学率为 50%,而当年升学率仅为 10%,所以规则也要因时而变。统招应届毕业生对于企业来说到底是利大于弊,还是弊大于利,现在还不好说。

缺乏多元化思维是日本人难以创新的原因之一。

下面就举一个例子,证明一下日本人多么缺乏多元化思维。

有一次,瑞士的领导问我:"日本虽然是发达国家,但是为什么还有 400 多家超市啊?太多了吧?为什么全国连锁超市的业绩反而不如地区连锁超市的业绩好呢?"

我实在回答不了。

德国拥有施瓦茨集团和奥乐齐连锁超市等闯入世界零售排行榜前 10 名的企业。如果我们从市场份额角度看，那么德国的 5 家零售企业占世界零售业排行榜前 40 名企业将近 80% 的市场份额。

瑞士人口只有 870 万，比大阪人口还少，超市方面也早就被米格罗斯集团（Migros）和 Coop 集团两家公司垄断。

美国的情况稍有不同，但除了全世界零售业前 10 名中的两家德国企业以外，沃尔玛公司和开市客公司等 8 家零售企业占了美国 80% 的市场份额。

反观日本方面，永旺集团和 7&I 集团虽然排入了全世界零售业排行榜前 20 名，但是它们在国内还没形成垄断，全日本连锁超市足有 400 家。

为了回答瑞士总部的问题，我做了一些调查。

原来只有日本顾客有每天购买生鲜食品的习惯。而西方人则习惯购买冷冻的蔬菜、肉制品和鱼类。因为日本是岛国，国土面积有限，物流便利，生鲜产品运输过程中能保持新鲜。而且自古以来，日本人民就习惯在鱼店、蔬菜店、肉铺购买新鲜的食材，我们的购物习惯已经定型。

日本受惠于太平洋和日本海峡，两处出产的鱼类各不相同。冷链体系能保证鱼类从捕捞到运输、销售始终处于低温环境，而直到20世纪五六十年代，日本才出现了冷链体系，此后人们才能同时吃到两处出产的鲜鱼。在此之前，只能在当地现捕现吃。这是那代人的集体记忆。

而类似除了日本以外其他国家那样的全国连锁店，其存在目的应该是扩大顾客的购买力。雀巢集团主营加工食品，当然可以扩大购买力了。

但是对于生鲜食品业务，如果和产地农户、渔夫没有建立紧密的绑定关系，那么其实很难以低价备货。如果是这样，我们的区域连锁店的顾客就失去了购买力。日本超市的生鲜产品销量占到总销量的一半儿。生鲜制品是区域连锁店的生存之源。

与瑞士总部的领导们沟通，锻炼了我的多元化思维能力。因为这些经历让我查询了很多之前从未关注过的"常识"，也做到了竭尽全力地思考。毕竟，如果我回答不出这些问题，瑞士总部对我的评价会降低的："我听说他很有能力啊，好像还是史上最年轻的主管呢！但他怎么连自己国家的事情都不知道呢？这种人怎么能做得好工作呢？"

换言之，我是为了不让领导们给我"打叉"，所以才又联系到他们："不好意思，我现在答不上来，但我肯定会给您满意的答复！"

通过回答这些完全不了解日本的其他国家的人提出的问题，我养成了凡事多问自己一个"为什么"的习惯。我想这就是多元化思维吧。

下面分享一个我关于蔬菜的想法。

今后我们零售业可能会直接从农户那里采购蔬菜，而不经过中间商。或许到那时，日本人也会接受冷冻蔬菜。

等这股潮流形成之后，顾客放弃的问题就是配送了。冷冻蔬菜在运输途中也要保温，因此我们应该开发出带冷冻冷藏功能的快递盒。

但是家电厂商开发产品需要投入经费，因此不能指望他们。而且他们也不理解开发这种快递盒的意义。但如果真的出现了有冷藏冷冻功能的快递盒，配送货车司机人手不足的现象也会得到缓解。

如今日本快递二次投递率为10%左右，对于储藏成本较高的冰鲜产品，如果不能一次投递成功，快递公司的负担就太重了。如果冷冻冷藏快递盒得到普及，就能降低二次投递产生的人力、储藏成本了。

但问题在于是否能够普及。我觉得用冷冻冷藏快递盒配送的话,就应该稍微把快递费降低一些。降价的等值成本与之前提到的人力和存储成本相互抵消。

蔬菜冷冻也能延长保质期。如今超市每天都要丢弃大量食材。冷冻蔬菜则有利于可持续发展,减少浪费,保障超市的利益。

从此超市不再会浪费库存,哪怕是进货时发现蔬菜外形不好,也能先切割,再冷冻销售。

而且一人、二人家庭数量越来越多,有时候在超市购买了蔬菜之后,一家人吃不完只能扔掉。但单份蔬菜价格偏高。而有了冷冻蔬菜,一切就都不再是问题。顾客、超市、物流公司以及农户,都能得到实惠。这就是由 NRPS 法引导的创新。

不过还有一个问题值得注意。那就是解冻库。目前用电磁炉解冻的食品,味道很一般。

我有一位朋友在日本某家电厂商工作,他告诉我日本厂商没有如此高端的技术。但中国已经开始研究新型解冻技术了。

中国人在开发新型解冻库,这种解冻库可以在短时间内为鱼类、肉类或蔬菜解冻,同时保持食材不失原味儿。如果家家户户都有了这么一台解冻库,从此只要按一个按钮,就能吃到新鲜如初的蔬菜和鱼肉了。有了解冻库，冷冻技术也会相应地进步吧？如果这一切都能实现，人们的生活又会发生多么大的变化呀！

多元化思维与奇巧

2001年我被调入雀巢集团负责制造糖果的分公司工作，担任营销主管一职。当时奇巧巧克力的知名度还不太高。巧克力糖果方面，格力高"百奇"系列产品销量最高，奇巧巧克力屈居第二。

但是两款产品的差距其实十分明显。奇巧巧克力的销量几乎没有任何增长。如果我们还依照传统宣传方式，那就只能继续投放电视广告了。但瑞士总部对广告投放的管理很严格，他们要求我"用10亿日元广告预算，换10亿日元利润"。

日本企业从来没有这样的经验，或许在别国，这个要求不算太高。可是当年10亿日元广告成本绝对不可能换来10亿日元利润。

这又是一种新现实。

想要提高奇巧巧克力的销量，就不能光靠电视广告，我们要想点儿新办法。

奇巧巧克力有一个国际通用的宣传语"奇巧突破（Kit Kat Break）"。也就是掰开（break）奇巧的意思，同时也代表边吃奇巧边休息（break）的意思。

我要用日本人的视角，再次定义这句宣传语。我进行了不少调研，"break"这个词对于日本人而言，并不代表休息，而代表"释放压力""寻找内心的自由"。

那么奇巧巧克力的目标客户是哪些人呢？

原本我们的目标客户是经常购买巧克力的初高中生。但当时的奇巧巧克力主要在超市销售，而且都是整包销售的，但全家人中最常去超市的一定是母亲，孩子们很少能自己购买。

虽然这些年轻人喜欢吃奇巧巧克力，但是他们并不认为奇巧巧克力是一个年轻人专属的品牌。于是我突发奇想，如果把奇巧巧克力打造成他们专属的品牌，奇巧巧克力的销量肯定能够提高。

"释放压力"和"年轻人"这两个角度共同指向一个关键词——考试！于是我准备为备考生提供一笔奖学金。这就是我面对新现实、新问题给出的解决方案！

我没有向瑞士总部汇报，就开展了"备考生支援"活动。

雀巢集团提倡"Think Globally, Act Locally（放眼全球，因地制宜）"。我觉得我没必要汇报，而且即便汇报，瑞士的领导们也不会知道日本考生的现状。

但我还是要征求一下雀巢糖果公司总裁的意见。他本身就是从供应链体系提拔上来的，而且他不是雀巢日本分公司的老员工，他的老本行是审计。换言之，这位老总只知道供应链方面的情况。

不过他的第一句话就说到了"点子"上。

"考生家长和考生人数加在一起，占日本人口的比例是多少？而且你也没法保证这群人全都能买呀。我看销量还是提不上去的！"

他说得很有道理。他的观点基于实际数据，让我无法反驳。最后他没有同意我提供奖学金的提议。

项目组觉得没有希望，所以选择放弃。但是我还没放弃。我的底气来自九州地区的超市。他们每年一月份和二月份的业绩确实太突出了。

"九州地区有赠送备考生奇巧巧克力的习惯。"

第一个告诉我这个事实的是鹿儿岛市最大区域连锁超市的老总。而他又一次问顾客"为什么要送孩子奇巧巧克力啊？"

顾客告诉他"九州方言里,'奇巧'的谐音是'必胜',图个好彩头嘛"。

如果真的和销量无关,那么这可能就只在固定的地区流行。但是当地奇巧巧克力的销量确实比其他地区高。这到底是为什么呢?

于是我请顾客参加洽谈会,我希望听听他们的想法。随后我终于听到了相似的答复。

"有一个棒球队的经理,给队员们买了一大堆奇巧巧克力,让他们带着去比赛。"

"名古屋的一家弹珠机店想要使用奇巧巧克力的 logo,但被雀巢日本分公司拒绝了。"

当然他们所言的具体内容不尽相同。但我相信只要推广一下,肯定能吸引很多顾客。从 0.1% 的普及率逐步达到 5%、10%,这真的是个好机会!所以我觉得我应该试一试。

但我还是想不到合适的方法。

首先我能想到的还是广告,但不能只靠广告,于是我想到了互联网。当年社交媒体还不是很普及,但宽带已经十分普及,于是网上出现了很多"博主"。

互联网时代,个人博主的文章逐渐成为人们获取信息的又一种方式。虽然当年互联网才刚刚普及，但是我有预感，它将为我们带来一个新现实。

这就好像当时新冠疫情肆虐，线上办公得到普及一样。当年所有人都能肯定，进入互联网时代的步伐绝对不可能倒退。

这两次新现实都给了我发现新问题的机会。

"除了电视广告以外，还有什么高效的宣传手段吗？"

于是我又开始了新一轮的头脑风暴。

"只要花钱打广告就能提高销量，我从没听说过这样的先例。所以我们还不如试试靠互联网传播口碑。"

这就是我的解决方案。那么如何传播口碑效率最高呢？博主不可能专门替我们宣传。我们必须给他们提供写作的"新鲜事儿"。我们冥思苦想，最终想到了一个好点子，那就是利用"新闻"。

人们都是这样，自己知道一件新鲜事儿，就会有告诉别人的冲动，否则就感到万分可惜。

我觉得这也是博主的普遍心态。既然如此，我们如何利用新闻，把"奇巧"和"必胜"联系起来呢？我们又深入地探究了一次这个主题。我们尤其关注的一点是，互联网这种传播方式是不是真的便捷。

我们尝试了很多种方式。

比如我们尝试过在店门口放一块宣传板，上面从模仿考试上榜电报的形式写着"金榜题名，期待奇巧"。我们还请求预科学校附近的商铺销售奇巧巧克力。但这些尝试统统失败了。

于是我又想了一个新办法，那就是在宾馆打广告。当时住在偏远地区的考生想要考其他城市的大学，就要住旅店，这样才不耽误他们去各个高校参加考试。不像现在，考生们在当地就能参加考试。这无疑又给了我一个提示：

可不可以让宾馆替我们为住宿的考生提供免费的奇巧巧克力，再附带一张写着"金榜题名，期待奇巧"的小卡片呢？然后替我们对考生们说一句"加油，相信自己！"

结果几乎所有宾馆都拒绝了我们的请求，但新宿京王广场酒店和华盛顿酒店还是愿意尝试一下。结果他们的举措大受好评。此后每年都有新加入这一项目的宾馆，最后这甚至成了一条新闻。

但我觉得我们的"打法"还是不够引人注目。我们需要一个更大的新闻！此时从一个不起眼儿的角落，泛起一道耀眼的光芒。

每年1月中旬，日本都会举行中心考试（也就是现在的日本大学入学统一考试），这是全国考生的第一道难关。虽然考场遍及全国各地，但只有东京考场的垃圾箱里，才会堆满了奇巧的空盒。

很多博文也都谈到了这个现象："考生带着奇巧巧克力去考试。"

虽然起初反响不大，但是《日本每日新闻》的记者读到这篇博文后，马上在自家报刊的《蓝铅笔》专栏上发了一篇文章。

这篇专栏文章又被次日一档电视节目谈及。要知道，当时新闻报刊和电视媒体的影响力是相当大的。不久后7-11便利店的店长们就纷纷打电话来采购奇巧巧克力。

由于新闻传播的宣传作用，一时间奇巧巧克力仿佛成了考生们的"护身符"，也成功塑造了品牌形象。

20世纪60年代，社会上出现了一个新词——考试战争。随着1979年1月"大学统一第一次学习能力考试（简称'统一考试'）"的实施，这个词更是家喻户晓。

之后又过去了22年，也就是我们进行考生支援活动试错的2001年开始，日本的高考给考生和家长带来的压力已经无以复加。

这是第三个新现实。

三个新现实又让顾客不得不放弃很多问题。比如，顾客已经放弃了"排解考试压力"。只要是考试，肯定会给考生带来压力，除了在忍耐中突破难关以外，别无他法。人们觉得考试压力根本不可能被排解。我觉得奇巧巧克力应该能够解决这个问题，于是我决定组织考生支援活动。这当然也是利用 NRPS 法实现的创新。

寻求领导的帮助

如今，雀巢日本分公司已经在百货店和机场等地开设了五家"奇巧巧克力屋"。这个提议同样来自我们的创新奖获奖提议，这是第四届创新奖评选的获奖提议，完美地结合了"生意"和"创意"。

奇巧巧克力屋最早可以追溯到 2003 年。这个提议也受到了"高木甜点屋（Le Patissier Takagi）"的高木康政先生的影响。

高木康政一直想开一家商店，专门经营奇巧创意巧克力。雀巢日本分公司的一位女员工受到启发，并向创新奖发起了挑战。我觉得她的想法很吸引人，于是我把创新奖授予了她。之后我准备先在西武池袋店尝试一下。

但奇巧巧克力屋的创意是雀巢集团战略决不容许的。

因为奇巧并不是一个高级巧克力品牌，它是一个面向大众的巧克力品牌，我们的高级巧克力品牌是"甘耶"（Cailler）。

甘耶巧克力在日本不太流行，但在瑞士等欧洲国家的机场，我们都能买到这款巧克力。甘耶巧克力算得上是一款高端大气的伴手礼。甘耶本身不是雀巢旗下的品牌，而是为了打入高级巧克力市场而收购的品牌。

不过，作为一款伴手礼，甘耶巧克力的销量并不好，所以没能风靡世界。说实话，我也觉得甘耶巧克力没必要走全球化路线。

提出奇巧巧克力屋概念时，我们面对的新现实是，日本人正在追求独有的高级感。

虽然日本人为了买到便宜1日元的食材，宁可在超市门口排起长队，但是他们也会为了吃一次高级餐厅的招牌菜大把掏钱。虽然自己吃的是打折的巧克力，但是逢年过节送礼时，却能毫不吝啬地买下好几千日元一份的高级巧克力。

日本人在某些方面一毛不拔，但也有挥金如土的时候，而且这似乎已经成了日本人的习性。

而奇巧巧克力也早就被人们看作大众巧克力的代名词。顾客也不希望奇巧巧克力再有什么大众巧克力以外的发展，这就是他们放弃的问题啊！

于是，我们要打破顾客的刻板印象，为他们提供有高级感的产品。奇巧恰好是一个多元化的品牌，同时我也希望把它打造成一个能够满足多层次需求的品牌。这就是我的解决方案。

但是不论是我的领导还是瑞士总部的领导，都没同意我的提议，所以我获得的资金支持很有限。

因此我只能在形式上下功夫。首先，总要有人负责在店里制作并销售产品，但雀巢日本分公司不肯把人才"浪费"在这种小事儿上。所以我只能拜托高木康政派人支援。雀巢日本分公司只提供"奇巧"这个品牌和店铺整体设计。所以我们几乎没花什么钱。

为了节省广告开支，雀巢日本分公司没有做任何对外宣传，只是发布了西武池袋店即将开业的公告。

尽管如此，开业当天顾客盈门，人们为了尝新鲜，甘愿排队一个小时。从那以后，每天店门口都排着长龙。

这次尝试的成果超乎我们想象，我们希望借此机会能让总部给予大力支持。开业恰好一个月，瑞士本部首席营销官（CMO）决定开始每年来分公司视察一次。

如果我是瑞士总部的一位"O"级高管，如果有人提出"奇巧巧克力屋"的提议，我肯定会驳回。因为奇巧巧克力是大众巧克力，主打全球战略，甘耶巧克力则属于高级巧克力，这个方针是万年不变的。

但是我们的巧克力屋已经开业并迅速火爆，盛况空前。最畅销的产品开业后不到一个半小时，也就是十一点前就会被一抢而空。于是我想，是时候让CMO看看我们的成果了！

负责汇报的团队详细介绍了奇巧巧克力屋的计划。果然，那位CMO听完之后火冒三丈。

"谁允许你们这么做的？"

"你们这样做肯定要失败！"

从CMO的角度看，这是理所当然的反应。

于是我怯生生地说："其实我们已经开业了，反响挺好的！我带您看看吧？"

当得知我们做得还不错，CMO的态度稍微起了变化。当他亲眼看见店门口的长龙后，他的想法彻底改变了。我又对CMO说："总公司的想法很正确，奇巧确实不是高端巧克力品牌，但我们日本这位高木康政，就是有化腐朽为神奇的本领，他能给奇巧巧克力添加高级感。"

换言之，奇巧是一个全国性品牌，各处都有的卖。它是工厂大批量生产的零食，没有什么技术含量。而高木康政却能凭借自身的技术，制作特色奇巧巧克力，一份巧克力里凝结着匠人的技术，我们成功地提升了品牌形象。

因为有了奇巧巧克力屋，日本著名糕点师制作的创意奇巧巧克力的售价高出普通奇巧巧克力 20 倍乃至 30 倍，这就是最好的证据。

随后我又向 CMO 提议道："我们的这种方式，是不是可以在其他国家推广一下？"

即便不是皮埃尔·马克里尼（Pierre Marcolini）这种世界著名的糕点师，只要每个国家都让该国的著名糕点师在巧克力屋驻场，就能吸引顾客。

他听完之后点了点头，表示自己一定会支持的。

很快，雀巢澳大利亚分公司开始效法。他们召集了当地的女性糕点师开设巧克力屋，结果也有很多顾客愿意排队一小时，品尝她们制作的甜品。

当然她们提供的甜品和日本的不同，澳大利亚的糕点师当然会制作有地域风情的特色奇巧巧克力了。

此后奇巧巧克力屋这种形式已经成为雀巢的全球战略。是雀巢日本分公司率先完成了创新，这是日本分公司的功劳，但我仍要感谢总公司能慧眼识珠，把这个策略升级为全球化战略。

本来这次创新已经失败了，而且也惹怒了集团总部的 CMO。但我们用成果说话，终于说服了领导。

如果只用语言去阐述你的创新计划，那恐怕希望不大。因为你的想法前所未有，没有经过任何验证，所以你不该妄言，对方也不可能妄断。

这就是我遭遇的境况。先要尝试一下，看看成功还是失败，再把好的结果展示给领导，以此说服对方。我认为如果领导不理解你的创新，你就只能通过展示成果的方法来说服他。

失败的时候，就该回到上一个阶段，尽量挽回成本。重要的是认真思考到底为什么会失败。如果没有想透，模棱两可，那就一定没法实现成功的创新。

我之所以反复强调，要允许别人"犯些小错"，就是因为思考自己失败的原因就是迈向成功的关键一步。

职场咖啡革命：雀巢咖啡大使

可能有些朋友还不了解雀巢咖啡大使，我这里再简单说明一下。

以前公司会用"福利费"购买咖啡供员工饮用。但为了节约成本，很多公司已经取消了这种形式。上班族如果在工作时想要来一杯咖啡，就只能自费在附近的便利店或者自动售货机买一杯。而且一般一杯咖啡至少 100 日元，如果每天都要来几杯，那可真是一笔不小的开销呢！

这又是一个新现实。

面对这样的新现实，人们放弃了一个新问题，即如何在单位更简单、更廉价地喝到和家里的咖啡一样好喝的咖啡。而咖啡大使正好为他们解决了这个问题。

我们的"咖啡大使"完全是本着善意和热心，主动报名注册的。雀巢日本分公司将向注册咖啡大使的单位发送一台雀巢咖啡机和一个用于付款的存钱箱。

咖啡大使在单位安装好咖啡机，用自己的信用卡支付购买咖啡的费用，再向机器中加水，煮好咖啡以便同事们饮用。

当缺水或咖啡耗尽时，咖啡大使负责添加。咖啡机旁边就是付款用的小箱，只要付钱就能喝到一杯咖啡。

雀巢日本分公司不会为咖啡大使支付报酬，我们与大使也没有雇佣关系，一切都出于善意。每月，咖啡大使通过信用卡转账支付咖啡费，小箱里的钱抵偿这笔费用。但我们的目的不是赢利，不会让咖啡大使赚钱，这不过是一项便捷服务。

2012年，咖啡大使模式诞生，到2020年3月，全国已经有48万名咖啡大使。如果每位咖啡大使每天提供10杯咖啡，那么每个月就能提供200杯（假设每月工作日20天），每年就能提供2400杯咖啡。我们有48万名咖啡大使，相当于每年多创造出11亿杯咖啡的需求。

那么成功推出雀巢咖啡大使之前，雀巢日本团队发现了什么新现实呢？

众所周知，日本已经迎来了超老龄化社会，2005年，日本人口达到顶峰后，人口便开始逐年减少。这样的现实对于食品行业无疑是一个巨大的挑战。

尤其是雀巢日本分公司，商品不能出口别国，也不能把厂房搬到别国。虽然是外资企业，但是总部要求我们在日本国内建厂，在日本国内拓展业务。这样的企业面对老龄化是十分脆弱的，因为人口减少相当于全日本人的"饭量"变小了。

同时，还有另一个新现实正向我们走来，那就是家庭数量的增加。

我们在第二章也谈到过，1980年全日本共有3582个家庭，到 2020 年这个数字已经上涨到 5044 万，40 年间家庭数量持续增加。

其中最主要的原因是，一人家庭从 711 万户上升到 1733 万户，夫妻二人组成的家庭由 446 万户上升到 1004 万户。而此前一直占主导地位的三口之家，则由 1508 万户减少到 1239 万户。

从数字上看，我们又能发现一个新现实，日本人结婚后已经不会像原先一样，继续和父母居住了。

孩子长大成人而后结婚、独立，家里只剩下一对老夫妻，最后必然有一位老人先一步离世，剩下一位独居老人。1980 年一人家庭仅有 88 万户，2020 年则达到 631 万户，这就是最好的证明。

面对这样的新现实，雀巢咖啡也要想办法迎接挑战。

正如前文所述，企业为了节约成本，减少了福利费，不再为员工提供免费咖啡，员工只能自己买咖啡喝。

另外，家庭也受到了巨大的影响。曾经夫妻二人一般会带一个或两个孩子，组成三口或四口之家。一家人常常会为了争抢自己喜欢的频道，在电视前展开"博弈"。当时还没有智能手机，全家人一起看电视也是阖家欢乐的景象。

孩子小时候自然不会喝咖啡，等他们长大一些，或许就会养成看电视时喝咖啡的习惯。那么不论是选择传统咖啡还是速溶咖啡，一家人一次至少要喝4杯咖啡。

但如今时代已经变了，我们有台式电脑、平板电脑、智能手机，人们开始热衷于社交媒体、上网冲浪，或者电子游戏。一家人聚在一起的时间少了，也不会一起喝咖啡了。如果只是各自喝咖啡，那么每次只需要一杯就够了。这也是一个新现实。

同时女性参加工作的比例也在提高，因此她们白天在家的时候很少。孩子上学，夫妻俩上班，哪有人会在家喝咖啡呢？所以一个家庭的咖啡消费量也在降低。家庭的男主人和女主人越来越习惯在单位喝咖啡了。所以，即便家庭内消费量降低，也能在家庭外消费补齐。

面对新现实，我们又要思考顾客放弃了哪些问题。

首先，每次只喝一杯，那么不论是传统咖啡还是速溶咖啡，都不太方便。就为了一杯咖啡，就要烧水，实在令人烦躁。按人数冲泡的传统咖啡，按人数控制水量——这才是冲咖啡的"惯例"，一杯一杯地冲实在太麻烦。

对上班族来说，早上时间不够，为了不迟到，早餐吃得也必须简单，面包加咖啡最适合了！但只冲一杯多少有点儿小题大做，还不如直接从冰箱里拿点儿番茄汁儿和蔬菜汁儿喝呢。

因此咖啡的消费量就减少了。但影响咖啡需求量的不只是竞争产品。

老式的咖啡壶多为滴漏式，每次能冲三四杯，十分方便。但如果只冲一杯，反而很麻烦。如果一次大量冲泡，再慢慢喝掉，咖啡就会氧化变质失去原味儿。

于是我们开发了一款只要按一下按钮，就能喝到一杯咖啡的咖啡机，而且这款机器支持传统咖啡和速溶咖啡。并且，原本雀巢咖啡厅的主要消费人群是家庭。在新冠疫情暴发前，由于在外工作的人越来越多，家庭消费减少，但是人们在家庭以外，对咖啡的需求反而增加了。

然而，雀巢咖啡厅的业绩并不好。雀巢咖啡厅的咖啡不是我们在酒店、餐厅、咖啡店或者单位喝到的咖啡。有没有一种方法，能让用户在家和单位都能喝到一样美味的咖啡呢？我瞬间就想到了雀巢咖啡大使。

但在我们推广咖啡大使的过程中，始终有一件事儿让我不理解。那就是咖啡大使们的动机。为什么他们能接受这份没有报酬的工作呢？为了了解这背后的原因，我们在北海道进行了一次小测试。北海道的人口占日本总人口的5%，也就是20：1。我们先通过电视广告进行招募，结果一个礼拜就有

1500人报名。我们把咖啡机送到他们的公司，又把咖啡卖给他们，让他们试用3个月。

我们预想，应该有二三成的报名者放弃，因此还是有些担忧。但最后居然没有任何一个人退出。随后我们为了了解这1500人的想法，又进行了一次问卷调查。明明没有收入，又很麻烦，怎么还有人甘之如饴呢？

虽然最终我们没有得到明确答案，但是有几个人却告诉我们"因为能得到同事们的感谢，我也很开心""感觉职场氛围好多了"。

对此我们半信半疑。虽然过去有老员工让新人端茶倒水的陋习，但是如今再这么做就属于"骚扰"了。明明大家都很反对这种行为，但为什么这1500人愿意为同事们准备咖啡呢？

"如果是被人命令，我会觉得自己很没有价值，也会很生气。但若主动为同事服务，我会感到很开心，感觉自己很有价值。"

随后，我把这段话分享给了其他没能说出自己成为咖啡大使的动机的人。

结果他们纷纷表示，"自己也是这样想的"。

看来很多咖啡大使都赞成这个想法。

现代市场营销之父菲利普·科特勒也曾经评价过我们的

咖啡大使模式：这或许就是马斯洛需求层次理论的"自我实现需求"吧！能让人产生这样的感受，这不就是最棒的营销手段吗？

不过这是我主导的总裁直辖项目，而且我也没向瑞士总部汇报。因此当时我的提议遭到了公司内部很多人的反对。

其中最多的反对理由是：

"谁会做这种既麻烦又没有报酬的工作呢？"

"用自己的信用卡购买咖啡，要是'生意'没有想象中那么好，咖啡大使是要承担库存风险的！"

"如果没有人喝咖啡，咖啡大使就要自己承担亏损了。"

因此他们都觉得我们很难招募到大使，即便招募到了，不久后对方也会放弃。

他们的观点是正确的。一般来说，雀巢咖啡大使这种商业模式只能建立在"免费打工"的形式上。因此反对的一方觉得我的计划决不可能实现。当时居然没有任何一位员工觉得这种商业模式能够成功。

但是我认为这是一次创新，因为只有九成人都反对的策略才是创新。

人们一般只会看到一件事儿不能成功的理由。如果一个想法没人反对，那么它会仍旧停留在普通的标准和尺度内。或许有人正在验证这个想法，又或者这个验证已经以失败告终。

但我并不是说，遭到全员反对的想法就是创新。所以一定要先做小测试，证明你的计划能够顺利推进。

第五章
彻底剖析创新案例

第五章 | 彻底剖析创新案例

本章将为各位介绍创新的真实案例，尝试解读 NRPS 法。

其中只有 M3 株式会社创新营销模式项目我没有直接参与。我想告诉那些认为创新是"发明或改造的技术"的人们，创新也可以发生在我们熟悉的领域。这个例子就是用来让他们参考的。

从戏剧学院事务所开始，每个创新案例我都以各种形式参与其中。

因为我不是技术岗出身，所以我的创新从来没有产生任何新技术。我也相信，这本书的大多数读者也都不是技术开发部门的员工。即便如此，如果你能贯彻 NRPS 法，找到创新的感觉，那么我将倍感荣幸。

M3 株式会社创新营销模式

M3 株式会社设立于 2000 年 9 月，运营一个为医护人员提供医疗信息的门户网站"MR 君"。

过去，医生依靠药品销售代表（MR）了解国内和国际各种药品制造商的药品信息，以及获取与药品有关的资料。但是当搭载人工智能的 MR 君出现后，医生不需要 MR 介绍，就能轻松地获得包括厂商、药品信息、过去发表的全部论文等信息。

如今已经有 30 万名医生、21 万名药剂师和 90 万名医护人员使用 MR 君。截至 2021 年 8 月 31 日，厚生劳动省调查显示 91.7% 的医生和 67.5% 的药剂师在使用 MR 君。

因为项目旗开得胜，2004 年 9 月 MR 君的所属公司——M3 株式会社在东京保姆板[①]上市。随后又过了 3 年，到 2007 年 3 月，M3 株式会社又"晋升"到东证一部。此后，M3 株式会社在亚洲和欧洲多次收购兼并医疗信息平台，并在全球范围内获得了 600 多万名医生会员。

在创立 M3 株式会社之初，我们发现的新现实是低效的销售。

在日本，所有行业的销售部门的销量都不高。

他们每天的工作并不能直接和销量挂钩，而且他们的营销手段还需要大量劳动力成本和时间成本支持。

---

① 相当于中国的科创板。——译者注

尤其是销售人员的培训，任何公司在这方面都会投入大量经费，开办培训课程。但现实是，最终仅能培养出 10% 的优秀销售人员。

花了大价钱，销售的效率还是提不上去。这就是影响日本企业销售的主要原因。

在低效的常态下，医疗行业、制药行业的低效率也造就了顾客放弃的问题。

医生非常繁忙，即便 MR 到医院介绍药品，医生也没法跟他们预约时间交流。等 MR 好不容易等医生给患者做完诊疗，却发现时间已经所剩无几。

为了让 MR 在短时间内作出高效的说明，制药公司往往会投入大量金钱和时间培训 MR。而制药行业已经习惯了这种低效的工作风格。

这些企业当然也想控制 MR 的人力成本，但他们也不想大幅减少 MR 数量，所以只能放弃。

这就是顾客放弃的问题。

为了解决这个问题 M3 株式会社很快找到了解决方案。M3 株式会社的解决方案是，使用主动贴近医生，并尽力降低成本的新形式代替 MR。

M3 株式会社使用了数字技术和人工智能技术。MR 需要巨大的时间和经济成本，来学习医疗知识、药品数据、论文信息，但 MR 毕竟是人，能力有限。而数字技术和人工智能技术则能储存相当于人类几万倍的信息，它们的优势在于高效存储，瞬间调出。

换言之，数字、人工智能技术相当于好几万个 MR。而我们的"MR 君"网站恰能提供这样的服务。

我们看看近年来 MR 人数的变化吧。2013 年全国 MR 人数达到 6.5752 万人，达到历史最高值。但到了 2020 年，这个数字则减少到 5.3586 万人，连续 7 年减少。仅仅 7 年就减少了 1.2 万人，相当于减少了两成。

假设每位 MR 年收入 1500 万日元，那么这就相当于削减了 1800 亿日元人力成本。而且若是再加上培训费、人工费等费用，数字只会更大。可见此举削减了大量成本和时间，并提高了工作效率。我相信，MR 人数将来仍会继续减少。

如今人们已经开始线上办公，因此任何行业都只需要少量的营销精英，他们不用离开东京或大阪的总部，就能负责和北海道、九州的大客户对接。杂务事项只需要驻场人员负责跟进，而重要的商务洽谈则需要核心团队出面。

只要用对了方法，精简销售人员绝对可行！或许就是 M3 株式会社的创意打响了日本销售改革的"第一枪"吧。

戏剧学院事务所

1980 年创立的戏剧学院事务所是一家拥有 40 多年历史的娱乐经纪公司。主营业务是特长培训，在札幌、仙台、名古屋、大阪、冈山、福冈都设有分部，总部则分布在以东京、横滨、大宫、柏为代表的首都圈，公司总共设有 10 所培训学校。

各学校设有幼龄班（0 岁到幼儿期）、儿童班（幼儿期到 15 岁）、青年班（16~39 岁）、中老年班（40 岁以上），根据不同年龄安排课程。

该公司培养了著名艺人铃木福。他凭借和芦田爱菜共同主演的电视剧《高护木的规矩》（富士电视台）一举成名。

戏剧学院事务所的主要顾客是哪类人？其实并不是普通学员。而是送孩子们去幼龄班、儿童班培养天赋的妈妈们。

把孩子们送到戏剧学院事务所上课，今后上一次电视、拍一条广告，或者当一次杂志模特留个纪念。这就是母亲们的小小心愿。

而少部分妈妈本身是有舞台情结的,她们迫切希望孩子们能当上小演员,今后在艺术界崭露头角。

正因为母亲们有这样和那样的想法,戏剧学院事务所拥有1万多名顾客,这些顾客每年要向公司支付30万至50万日元不等的课程费。同时公司收入还来自从幼龄到中老年艺人的管理业务。

我在新冠疫情前就接触到了戏剧学院事务所。

数字化发展已经形成一定的规模,数字化转型更是如火如荼,推动着社会的发展。数字化转型虽然是近些年的提法,但是数字化浪潮已经席卷了十多年,毫无疑问新现实已经形成。

社交媒体作为数字化的一个组成部分,已经进入社会生活,不仅是年轻人,各年龄段的人群都已经习惯使用,这也是一种新现实。

另外,新冠疫情推动了线上办公的普及。

面对新现实,即面对21世纪的数字化潮流,戏剧学院事务所的主营业务仍旧保持着20世纪的状态。

各地分校招收学生,达到一定的人数就可以开班授课,学生们支付相应的学费。这套模式只能让走读生成为自己的顾客。

同时,越来越多的母亲也开始工作,这自然又是一个新现实。

为了让孩子也能进入戏剧学院事务所，就要让孩子通过试镜，每周参加培训。如果孩子年龄小，那么每次上课还要家长陪伴。而对于那些工作繁忙的母亲而言，很难平衡工作和照顾孩子的学习。

同时，面对这样的新现实，人们开始利用社交媒体来展示自己的孩子。有些母亲认为，其实孩子不需要上电视也不需要拍广告，只要利用照片墙（Instagram）、抖音（TikTok）或者油管（YouTube）之类的平台，就能在网上轻松"晒娃"。

面对新现实，母亲们仍旧希望"晒一晒"自家可爱的孩子，于是她们想到了新的解决方案，即不再把希望寄托在艺术培训上，而开始利用社交媒体的力量。

照片墙的用户持续增加，日文词典已经收录了"インスタ映え（照骗）[①]"这个词，可见照片墙已经进入了人们的生活。而且社交媒体不像艺术培训班，不会收取高额费用。

如果培训班再不做出改变，那么顾客必然流失。

我觉得这种可能性还会越来越高，但没等到我把我的危机

[①] 指的是在照片墙上发布的过度美化的照片。——译者注

感告知对方，新冠疫情就暴发了，而戏剧学院事务所的高级管理人员也采取了一套新的解决策略。

具体而言，就是推出远程授课服务，让学员足不出户就能听课。这种新的授课方式解决了新问题。由于线上课程取代了线下课程，所以课程费也相应地降低了。

管理层起初觉得线上教学比较困难，所以也经过一段犹豫期。这也很容易理解，毕竟他们只有和学校类似的线下课程的授课经历，而没有线上教学经验。

而且习惯了线下课程的人，突然改上线上课，也会不适应变化吧。但从一开始就接受线上教学的人肯定会比较满意，也感受不到任何差距，因为他们没有比较的对象。

最终，在"紧急事态宣言"发布之初，学生既不能上学也不能出门的时候，线上教学最大限度地留住了学员，尽量避免了退学。

当然，也有学员选择退学。对他们来说，线下课程是有价值的，但他们感受不到线上课程的价值。不过这个举措也引来了一批新顾客。他们平时没有太多时间，但新冠疫情却给了他们更多居家时间。他们也想利用这段时间学点儿什么。

而且他们和顾客形成了一种前所未有的默契。以往很多人发现自己所在地没有分校只能放弃，而戏剧学院事务所开设线上课程之后，这群人果然报名参加。

有些母亲希望孩子在媒体上崭露头角，但苦于附近没有培训学校，所以没法签约经纪公司。哪怕只想在照片墙或者抖音上出点儿小名，但因为没有拿得出手的本领，也根本吸引不了粉丝。

孩子的母亲们怀揣着这些难以解决的问题，又很想为孩子争取在媒体上大放异彩的机会，所以叩响了戏剧学院事务所的大门。

随后戏剧学院事务所又在线上课程的基础上，推出了社交媒体课程。

照片墙和抖音本是戏剧学院事务所的竞争对手，但它们则另辟蹊径，开设了制作优质视频的课程。这自然又引起了很多母亲的关注。但实际上照片墙、抖音和戏剧学院事务所并不是竞争关系。因为即便你如何善于展示自己的孩子，如果孩子本身没有才艺，最终也难免"露怯"。

由于戏剧学院事务所在新冠疫情更加严峻之前已经做好准备，当紧急事态宣言发布之后，公司仍旧保持了正常运营，撑过了没有学生走读的艰难时刻。而其他娱乐经纪公司都遭受了巨大打击，可见这次创新有多么成功。

如果把2018年的业绩设定为100，此后业绩一路看涨，但2020年受新冠疫情影响，业绩开始滑落（见图5-1）。

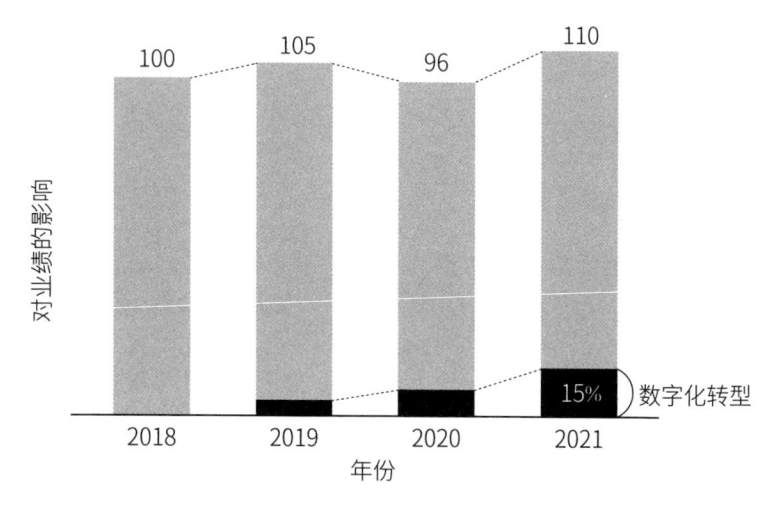

图5-1 戏剧学院事务所数字化改革对业绩的影响

虽然日本政府发布紧急事态宣言之初，戏剧学院事务所的业绩确实也经历过一段下降期，但是开设线上授课后，他们仍旧挽回了业绩，最终业绩仅比2018年回落了4%。如果不开设线上课程，恐怕业绩的衰退不敢想象。

从2021年开始，戏剧学院事务所线上线下并行，预计客户人数将达到2018年的110%。

ADIS 促进了创新的发展

在第三章中我提出了创新难以实现的 4 个原因。

①没有创新眼光。

②营销知识不足。

③对接不足。

④缺乏创新资金。

为了解决这些问题，我们正在建立一个新的锚定数字创新沙龙（Anchor Digital Innovation Salon，ADIS）以便提供解决方案。推出 ADIS 的经历十分独特，我们希望它对创新有所帮助。

美国硅谷位于旧金山郊外沙漠中的一隅，旧金山本是一座小城，而这座小城如今已经成为全世界的创新中心。

我觉得日本除了人才聚集的东京以外，一定也有适合培养初创企业的"处女地"！但是为什么日本的初创企业都要在东京扎堆呢？

目前各地政府已经开始利用税收扶持开放式创新基地，但我们还不清楚地方政府的目的是否在于打破现有局面。总之，全日本已经有 100 多处创新基地了。

去年东京电视台的深夜档节目曾经采访过的 ARCH 虎之门

创业孵化中心就是一个创新基地。当地聚集了20家到30家知名企业的业务拓展部门，每家公司的业务拓展负责人都在这里探究开放式创新。他们办公室的楼上都承包给了其他初创公司。

我觉得这样的创新基地越多越好。但我也在前文中讲过，高级管理人员能不能经常下来视察，这才是创新的"晴雨表"。如果高层管理者本身没有下定决心，只是随便看看，那么最终也无法实现创新。该节目对此评价道：

如今这个数字化和互联网时代，各个城市、各地政府都应该设立创新基地，各自为战。但人们不由得怀疑，这样做到底能不能实现震惊世界的创新。

日本和中国、美国的差距已经难以追赶。如果你认为建立开放式创新中心会成为扭转这种局面的"催化剂"，我只能说你还是看错了当前形势。

有一天，我老家神户市的《神户新闻》派人来找我。

原来神户市正准备建设一个支持开放式创新的"试点"，名为"神户锚"，选址位于三宫站附近新建的神户三宫阪急大厦。他们希望我指导他们应该主打什么方向的内容。

我想到了一个代替合作的方式，那就是利用互联网与全国开放式创新基地形成联动，而不需要把机构铺展到各地。比起各自为战的方式，我提出的方式更容易实现创新。这就是 ADIS 的起源。

ADIS 存在的目的就是为各行各业的创新提供启发。什么是创新？什么是营销？前文提到过，创新难成的主要原因就是缺乏眼光，而我们将通过每月一次的集中讲座，让学员体会这一点。

比如，学员可以在一年内，听到各领域创新的顶尖专家开展的讲座。请看我们 2021 年到 2022 年的演讲者阵容（省略敬称）：

2021 年 6 月 高冈浩三

2021 年 7 月 御立尚资（前波士顿咨询公司日本分部负责人）

2021 年 8 月 松江英夫（德勤会计师事务所集团首席战略官）

2021 年 9 月 堀江贵文

2021 年 10 月 藤田晋（CyberAgent 游戏公司创始人）

2021 年 11 月 入山章荣（早稻田大学教授）

2021 年 12 月 榊淳（一休公司总裁）

2022 年 1 月 青野庆久（才望子株式会社创始人）

2022 年 2 月 清冢信也（钢琴家）

2022 年 3 月 入山章荣、内田和成（早稻田大学商学院教授）

2022年4月 本田圭佑（职业足球运动员、投资人、企业家）

讲师们都是享有盛名的人物，也在各行各业做出了成就。我们希望学员能接触一些一流的创新思路，或者学习成功的创新经验。

另外我每半年还开设一场"高冈创新道场"讲座。虽然受新冠疫情影响，只能开办线上讲座，但是我希望通过我的讲座，能锻炼各位学员的创新眼光，并让他们掌握营销知识。讲座将在每年的1月至6月和7月至12月各举行一次，即每半年一次。

同时我们还会向成为ADIS会员的大中小企业、初创企业提供人工智能创新对接系统。我们将利用这个系统对接大企业和初创企业、大企业和中小企业、中小企业和初创企业。我十分期待此举能够解决阻碍创新的"对接不足"问题。

为了解决今后创新资金不足的问题，我们正在ADIS内部创建一个国内和国际风险投资人社群。目前我们已经得到很多投资人的赞同，他们愿意把资金提供给会员企业以便促进后者的创新项目。

ADIS希望将全国100多家地区创新基地连接成一个整体。

为了解决影响创新的4个问题，ADIS诞生了。我们衷心希望将 ADIS 发展成一个新的数字沙龙，连通全日本的开放式创新。

转变人力资源，雀巢的白领绩效法

管理部门和运营部门应该如何创新呢？我们用人事部来举个例子。

2015 年，以信息技术、人工智能为主的数字化革命已经达到近似于现在的水平。各企业开始使用 Skype 在线会议系统，人们可以轻松实现远程会议。

劳动力市场方面，随着劳动人口的整体减少，青年劳动人口数量逐年下降。因此人力短缺问题始终困扰着我们。为了补充劳动力，越来越多的日本女性也开始参与工作。

另外，在人生百年时代，人们对原有的 60 岁退休年龄发出质疑，于是退休年龄一再被延后。

这是 2015 年雀巢日本分公司面对的新现实。

其间我们发现白领阶层的工作效率一直十分低下，这个现象在日本十分严重。

虽然日本长久以来都面临着劳动力短缺的问题，但是实际上白领冗员现象十分严重。其中最大的原因是，日本大学的数量太多，培养了太多白领。

另一个重大问题是，白领的薪资是按小时计算的。据我所知，全世界只有日本白领的薪资按小时计算。

全世界范围内，蓝领阶层的薪酬才会普遍按小时计算。因为工厂讲究效率，这是蓝领阶层的现实。白领的工作效率只能用个人业绩衡量，但日本企业并非如此。

首先，白领应该制定完成工作目标以及达到结果的最后期限，而后独立思考、构建工作流程，制定出实现这些目标的方法，最终产生比既定标准更高的结果。

这种以产出为导向、高生产率的工作方式，按业绩计酬最为合理。

不按工作时间计酬，而按照工作成果支付相应的报酬，这就是"白领绩效法"。只有使用这种绩效方法，白领的效率才会提高。我当时是雀巢日本分公司总裁，在产生了这个想法之后，我立即聘任了一位律师，和他探讨实施策略。

但我在实行白领绩效前，也遭遇了巨大阻力。

"日本《劳动基本法》《最低工资法》规定得很清楚，你这样做是犯法的！"

不会确认真相，一切都是想当然，这就是日本人的固化思维。我找了一位律师咨询，我想确认自己这样做是不是属于违法行为。

"如果实施了白领绩效法，我真的会受罚吗？"

"劳动基本监督部门会以什么理由处罚我或者让我如何整改呢？"

律师经过一番调查之后，给出了最终结论：

"没关系的！您不会受到任何惩罚。"

换言之，我虽然担心不以工作时间为计酬依据，而是采用工作业绩作为计酬标准之后，会受到国家或者劳动监察部门的惩罚，但是经过一番调查，我发现竟然没有任何相关裁定的案例。

目前虽然没有法律认可白领绩效法，但是也不代表这种制度100%不被法律接受。所以我决定实施这个制度，哪怕被国家或劳动监察部门起诉，我也要一路上诉到最高法院。

于是，又是在未征得瑞士总部同意的前提下，我实施了这个制度。我认为我没有任何失败的可能，而且如果雀巢日本分公司带个好头，说不定能促进日本法律制度的改革！

不过我还是要征得一部分人的理解，那就是这次的"实验对象"，也就是我们雀巢日本分公司的白领员工。如果他们不同意，这个制度就无法实施。于是我让公司工会的白领员工集体投票。

"我们从今以后没有工作时间规定，也不支持加班，而是根据各位的业绩发放薪资和奖金，也就是说我们今后准备实行'白领绩效法'，各位同意吗？"

投票结果显示，97%的员工赞成。

我成功的关键在于，是工会同意实行这个制度，而不是我这个老总强迫员工同意，或者赞成或者反对，一切都是他们的决定。我注意到，他们更愿意通过工会作出自己的判断。

这个制度实施以来，白领们更容易获得带薪假期，平均假期也延长了。由于白领员工不再加班，公司支付的加班费整体减少，而员工获得的平均利益则大幅提高。

工作效率提高了，员工的工资也会上涨。这个制度对于公司和员工而言都有好处。

就这样，人力资源部的一次创新，为公司提供了可观的成本效益。这就是发现由新现实引发的新问题，并找到解决新问题的方法。

创新之所以是创新，正因为前无古人。或许在前方有着我们想象不到的风险。而若是把合规性（如今已经是常识了）放在首位，把诉讼风险作为首要考虑因素，这种创新就永远不会发生。

最重要的是员工的期待。在雀巢日本分公司的案例中，我们通过工会确认了员工的想法。如果没有这一步，恐怕我们也没法实施这个新制度。

正因为雀巢日本分公司实施了白领绩效法，我们才能在新冠疫情暴发前就实现了线上办公。

推行线上办公，我们的管理层就无法监督员工，也不知道他们到底有没有努力工作。如果按照时薪计算，由于无法监督，所以也就无法适应线上办公。

由于我们废除了时薪制，所以才能切换到更有利于企业的线上办公。另外，此举也让员工获得了线上办公的权利。

本书经常提到的新现实就是超老龄化社会的演进。这个新现实引发的问题就是老年人的护理问题。

雀巢日本分公司的大多数员工还不是老年人，因此他们不需要护理。但不少员工的父母需要看护。以往有些员工需要照顾老人，出勤有困难，最后不得不离职。实施线上办公后，这群人就不需要放弃自己的事业了。

越来越多的日本女性参加工作，有些妈妈不能兼顾工作和育儿，又不愿意把孩子送到日托班，这又是新现实引发的新问题。而线上办公恰恰解决了这个问题。

线上办公并不是强制性的义务，而是员工的权利。这样才能提高改变工作方式的可能性。同时，考虑到数字化的发展，我们就更没有拒绝线上办公的理由了。

雀巢的工会改革

工会的最大武器就是罢工权。但日本已经从新兴经济体发展成了发达国家，难道每家公司的工会都在行使罢工权吗？

在新兴经济体国家中，处于发展阶段的企业，领导层剥削压榨劳动者。为了对抗他们的剥削压榨，工人们才有行使罢工权的必要。除了极特殊的情况以外，对于拥有成熟劳动体系的日本企业而言，罢工权是否还有必要？

公司规定工会行使罢工权期间，企业没有义务给工会成员支付报酬。因此日本《工会法》规定，工会必须为罢工筹集资金。换言之，工会需要扣减成员工资来扩充工会的经费。

雀巢日本分公司虽然是外资企业，但是仍旧保留了日本企业工会的传统。我对此产生疑惑并开始调查时,工会已经积攒了好几亿日元的经费。

工会成员根本没有行使罢工权的想法和理由,工会却仍旧向成员收取会费,这已经遭到了不少成员的诟病。工会高层也在想办法减少工会会费。

工会的任务是确保员工每年调薪。但公司业绩不好,即便工会带头罢工,也无法提高员工的基本工资。近些年工会的立场已经改变,他们更希望为公司业绩作出贡献。

这就是新现实啊!

在日本还是一个新兴经济体时,工会存在的目的是改变工人工资低、工作辛苦的现状。但日本成为发达国家之后,工会的任务也必须做出改变。大公司工会组织率的下降就是因为工会没能找到新的任务。

那么公司和工会是否需要一次地位平等的沟通呢?我作为公司的领导者,虽然也产生过这样的想法,但是工会受法律保护,公司不能强制下达命令,否则就违法。因此我想先抛开工作,跟他们谈一谈。

如果从企业领导者的角度看,想要通过人事部了解工会成员的心声是绝不可能的。公司人事部会考虑公司的情况,说得更直白些,他们汇报前会先揣度我的心思。毕竟我从没听说过哪家公司的人事部会跟公司老板对着干。

但是工会则不一样。工会的立场不是公司,而是员工,所以我想听听他们的意见。

一般而言,公司老总几乎是不会跟工会打交道的。顶多每年一次开个劳资交流会。但我规定每个月和工会的几个领导召开一次例会。这也是为了解决新现实下新问题的一步棋。

有一次开会的时候,我问他们:"领导会批评工会成员,但为什么工会成员不能批评领导呢?"

诚然,有一些日本企业也实行了国际认可的360度评价体系。但这只是老板和几个下属之间互相评价,实际上很难展现真实情况。

于是我要求工会成员每年对管理层进行一次评价,结果只向我以及人事部汇报,而不需要向其他领导、上级公开。

结果我发现,有些优秀的管理层在工会成员中的口碑并不好。换句话说,他们工作水平一流,但不擅长培养部下,所以部下对他们的评价不高。

当然,我会调查评价的背后是否有个人恩怨等主观性的成分。但我不会完全依赖人事部给出的信息。而要结合工会的评价，最终得到一个更为真实的评价。

然而这并不代表工会方面的评价数据十分反常，只是这些信息很普遍也藏得很深。我倒是觉得这些信息对优化我们的管理大有帮助。

如果工会能担负起这样的任务，那才真的有价值。有时候，我们的工会形式并不一定要完全依照法律。也不需要挂一个"工会"的名字，只要真正发挥应有的作用就够了。

通过和工会沟通，我知道了一件事儿。那是我成为公司总裁的几年前，工会已经不再专门为行使罢工权筹集资金了。这是时代的潮流和工会成员愿望的共同结果。

但是即便不再筹集罢工基金，为了向上一级工会上缴会费以及其他用途的经费，工会还是会向会员收取相当于此前一半儿的会费。但工会成员觉得这部分收费也不合理，于是我们又调查了钱款的用途。

根据当前的日本《工会法》规定，在工作期间工会成员不得进行工会组织活动。如果要进行组织活动，就要选在平日夜间或者周六日。而且组织活动不能利用公司的设备，需要工会承担会场租赁费和餐饮费用。除了这笔开销，剩下的就是向上级组织上缴的费用了。

下面的内容与上一节谈到的白领绩效法密切相关。

实施白领绩效法之后，虽然企业再也不用向白领支付加班费，但是因为没有规定的工作时间，所以原则上工会活动随时都能进行。我也建议他们利用公司的会议室和办公用品组织活动。随后全体工会成员投票同意了这个提议。

不用加班自然让员工感到满意，但没了加班费，也会让员工受到打击。所幸工会成员都能辛勤工作，公司业绩持续提高，员工基本工资也在持续提高。因此才能得到工会成员的同意以及97%的员工的支持。

实施白领绩效法后，我开始替工会寻找新的任务，促进了公司和工会进行建设性且平等的对话。

雀巢的净营运资金

利润的压力往往来自大股东。

外资企业自然有很多外资股东，而如今外资股东并不罕见，日本的上市公司也面临着严峻的压力。

雀巢日本分公司的股东也给了公司很大压力，尤其是那些知名的投资机构。除了追求红利外，他们经常要求我们提高公司的管理效率。

另外，现金流的利用率低下，也是我们这10年要面对的新现实。其实有一位位高权重的股东也曾批评雀巢日本分公司净流动资金太少。

所谓净流动资金，即指应收账款和应付账款相减得到的净余额。换句话说就是，销售产品获得的收益应该足够抵偿为了销售公司产品所需的费用。

如果公司方面要先支付货款，就要建立单独的周转资金机制，这就会产生利息费，增加成本。换句话说，企业应该尽量快速收回应收账款。

有些企业主营产品是类似益生菌、牛奶等保质期较短的商品，也就是我们常说的"日配商品"。这些商品如果不能尽早卖完，势必会给公司造成损失，因此需要短周期变现。

但是雀巢日本分公司的速溶咖啡是粉状或者是Nespresso[①]等真空包装的咖啡胶囊，这类商品有更长的保质期，这就意味着变现周期更长。

在全球范围内能与雀巢集团竞争的企业，就是主打益生菌

---

① 雀巢旗下品牌，主要生产咖啡胶囊。——译者注

乳饮的达能集团。雀巢日本分公司的销售额和利润率都是全球最高的，但我们的净流动资金还是很少。

而且日本目前还有不少小规模的零售业者，全国有400多家连锁超市。而欧美发达国家零售企业的大规模化、垄断化十分明显，与他们相比，日本的商业分销系统太过复杂，因此会给企业造成多余的经济负担。在雀巢集团中，雀巢日本分公司的净流动资金利用效率十分低下。

我尝试使用了几个办法解决这个问题。

雀巢日本分公司为了规避零售商和批发商的破产风险，会让贸易公司从中协调。贸易公司既不承担破产风险，又能从日本雀巢分公司获得一定比例的销售额作为佣金。

按照我们的安排，我们向贸易公司收取货款的流程（从交易开始到收到款项的时间）可以比原先节约二分之一的时间。而我们向贸易公司支付的手续费则稍有提高。

另外，雀巢日本分公司也有一套向供应商支付采购款（采购款项支付流程）的独特流程。如果雀巢日本分公司现金支付的流程不变，而贸易公司向雀巢日本分公司付款的流程简化，那么总体耗费天数的差异就会扩大。换句话说，雀巢的现金流更加充足了。

此外，像雀巢集团这样的制造商在工厂生产完产品后，会将产品储存在自己的销售仓库。之后商品会被运送到批发商手中，之后再由批发商发货给零售商，零售商再将商品上架。但这套流程需要使用两个仓库用于存放商品。

我觉得这其实是一种浪费，于是我不再使用我们自己的销售仓库，而是让批发商多储存一定量的库存。批发商虽然不得不多承担一些仓储费用，但是也节约了运输成本。

而且因为存储在公司"销售仓库"的产品不能销售，所以只能算作库存，但存储在批发商仓库里的产品已经处于销售阶段，所以对于我们来说恰恰是减少了库存。由于我们获取销售收益的速度加快了，所以公司净流动资金的状况也得到了改善，雀巢日本分公司终于成为集团内的高效企业。

雀巢日本分公司没有任何债务，并且保持世界高水平的自由现金流。管理部门的这次创新提高了公司的管理效率，也博得了国际投资人的信赖。

像雀巢集团这样的跨国集团，每年都要设法实现相当于2%的销售额的成本削减。如果我们的销售额是3000亿日元，就必须削减60亿日元的成本，否则集团就要给高级管理人员降薪。

于是高级管理人员又试图让各部门分摊这2%的指标，从而削减成本。我在任期间之所以将3000名雇员缩减到2500人，也是因为接到了集团总部的命令。

当然，我并没有使用裁员手段。我只是制造退休人员和新聘用人员的数量差，让公司自然减员。同时我主张高效工作，从而避免了因为人员减少造成的工作压力。另外，为了削减差旅费，我推行了线上办公。而这个举措的背后也有着投资人要求我们提高工作效率的压力。

最近我听到不少要求日本企业提高经营利润、提高效率的呼声。

集团强制雀巢日本分公司每年降低2%的成本，但这种政策对我们提高工作效率并没有帮助。而且削减成本的成果与总裁和员工的奖金并不挂钩。如果削减成本影响奖金评定，那么全公司肯定会上下一心提高工作效率的。我不由得感叹日本企业真是太"天真"了。

那么，为什么国际企业一定要用削减成本的方式创造利润呢？雀巢集团这样做的原因是为了扩充投资资本。如今是销售业绩难以增长的时代，如果再不关注投资，销售业绩就更难增长了。

我觉得日本企业的管理者缺乏专业精神，因为他们不会为公司的"持续性"投资。日本企业虽然喊着提高利润的口号，但实际上只是在压缩员工的工资，并叫停关键性投资而已。只需要提高利润而不用考虑投资，这种事儿谁都做得到。

运营部门也需要创新，因为他们需要思考如何降低成本以便保障稳定积累投资资本。而投资资本就是能驱动公司这台机器的燃料，即所谓的"发动机燃料"。

第六章

创新源自深度思考

第一章到第五章，我围绕着 NRPS 法讲解了创新的方法。接下来我来谈谈创新的思路。我会尽可能简略并清晰地说明。

本书最后一章，我们聚焦那些参加过我的"创新道场"讲座的学员的创新经历以及我给他们的建议。

他们并非创新专家，只是普通职员，但在听了我的讲座之后，他们开始独立思考，发现自己的长处和短处，并设法弥补自己的缺陷。我认为各位读者完全可以踩着他们的脚印走出自己的创新之路。

另外，很多行业也在面对着新现实和顾客放弃的新问题，到底要经历怎样的过程，创新的种子才会发芽？为了回答这个问题，我做了一些独特的实验。希望各位读者继续阅读本书，并能更加深入地领会 NRPS 法。

A 的创新

【顾客】全天下希望孩子拥有光明未来的家长们。

【新现实】少子老龄化、"人生百年"时代来临、互联网高度普及、企业人工智能转型、线上办公普及。

【放弃的问题】好学校、好企业已经不能给我们带来幸福平安的人生，但孩子仍旧摆脱不了应试教育和填鸭式教学。孩子很难拥有"非认知能力（不能以考试成绩定义的性格、情感和心理活动）"。

【解决问题】以在线形式培养孩子们的非认知能力。

【理论验证】与艺术相关的领域的专家进行线上授课，让孩子们边欣赏艺术作品边畅所欲言。平时孩子们没有机会去美术馆欣赏画作、交流意见。而在线教学模式则允许孩子们畅所欲言。希望今后在线教育和非认知能力培训都能得到普及。

【高冈讲评】随着线上办公的普及，孩子们和家长一边嬉戏一边学习知识的机会增加了。

而我们想让孩子摆脱应试教育，想为孩子们提供更具有创造性的教育。首先要面对的难关就是，家长本身不能提供教学内容。理论验证中，A拜托了自己的艺术家朋友帮忙，但要知道，如果要走商业化路线，就要向他们支付报酬。

不能商业化的创新是不能成功的，所以创新要以赢利为目的，而创新计划的前提是学生愿意花钱上课。如果你在测试时没有考虑到这一点，理论验证就不能走向商业化。

我们以益智玩具为例理解这一点。

比如我们十分熟悉的乐高积木，不论是在日本还是在全世界范围，都很有人气。日本虽然也有不少益智玩具，但是外国涌入的益智玩具也不在少数。如果这些商品相互竞争，本国制造商就一定会想办法拓展业务。

但是日本少子化严重，儿童数量大幅减少。益智玩具制造商无法拓展销路，就要跟 A 的智力开发教育项目分享顾客。在少子化、儿童人数锐减的大环境下，此举或许能解决业务拓展困难的问题。

那么是否可以推出一套与益智玩具厂商配合的教学项目呢？这或许就是一条赢利的途径。

益智玩具厂商为了拓展新客源，一定会打着"促销活动费用"之类的名义出资支持教学项目。

另外，家长可以让孩子自主选择学习项目，也可以由家长替孩子选择，还可以由家长和组织者共同探讨教学方案。这种"参与感"也会让顾客更愿意掏钱。

最终我们可以形成一套由厂商赞助加学员付费的商业模式。

创新能创造新需求，而为了实现赢利，选择合作伙伴则显得十分重要。如果单凭一己之力不能实现创新，我们就可以找到拥有共同顾客并且也经历着经营困境的企业，与他们结成伙伴关系，解决双方共同面对的问题。

当前，手机游戏收费现象已经成为社会问题。从这个角度看，或许手机游戏未来会越来越像益智玩具。这也意味着手机游戏将着力避免儿童游戏成瘾的状况，并更便于家长和孩子一同游戏一同学习。那么，我们的合作对象其实也可以是游戏公司。

如果你去了解一下不同的行业，那么你会发现许多公司和行业都在迎合有年幼孩子的父母。只要从这个角度出发，我们就会产生无数个想法。

B 的创新

【顾客】在边远地区工作的年轻人、没有人才保障的地方企业。

【新现实】工作岗位集中在大城市。除了东京以外，各地区人才和工作机会也有向主要城市集中的倾向。而远离中心城市的边远地区的经济状况困难。

【放弃的问题】并不是所有人都向往大城市,甚至有人根本不想去任何城市工作。但是现实是不去大城市就找不到好工作。企业为了提高管理效率,往往只在主要城市设立公司,并关闭小型分公司。最后资金只在城市内部循环,人们的潜力也受到地区的限制。

【解决问题】创造不受办公室、公司选址束缚的工作环境。让人们不论身在何地都能发挥才能。

【理论验证】优秀人才想找到能发挥自己实力的舞台,但也有人做不到这点。我们希望任何人都有机会挑战自己的实力,而不一定要挤进城市。

【高冈讲评】小城市会埋没人才,这是毫无疑问的事实。但从用人单位的角度看,优秀人才其实很难鉴别。鉴于此,人才能力的"可视化"很可能成为企业已经放弃的问题。

另外,这也取决于日本企业人力资源系统的多样化在未来能达到何种程度。如果未来有人能完全线上办公,我也不会感到意外。

同样是正式员工,有些人习惯在办公室工作,也接受被调任到全国各地,而有些人只能接受完全线上办公。这样的工作形式一旦形成,员工不论身在何处都能为公司服务。

如果有员工能够完全线上办公，那么企业则无须为他们提供交通补贴。虽然仍要提供住房补贴，但是偏远地区的房租也比城市便宜。同时，由于员工无须调岗，所以也为公司节约了人事变动的成本。相较于通勤员工和居住在城市的员工，企业在线上办公的员工身上花费的成本必然更低，因此也能提高公司的管理效率。

想要构建这样的工作模式，我们或许可以为那些居住在偏远地区又不想通勤、只希望100%线上办公的劳动者搭建一个网站。再让企业把招聘信息投放在这样的网站上，实现企业与劳动者的对接。

既然企业渴望降低人力成本，那么自然也愿意起用地方人才。因此，我们需要用翔实的数据展现人才掌握了何种技能，又有多么优秀。如果能够把这些信息向公司公开，并帮助公司与人才对接，那么 B 的理论就更容易得到验证了。但目前这个阶段，我们还没有解决问题的具体策略。

不少人都有这样的想法："即便不在大城市工作，也能在偏远地区作为公司的正式员工，从事体面的工作。"如果我们能创造一套新的工作模式，并将这套模式介绍给企业，势必能引发一次人力资源方向的创新。

C 的创新

【顾客】私立大学，报考私立大学的高中生。

【新现实】今后 18 岁人口数量将会持续减少。2018 年，日本 18 岁人口为 118 万人，预计 2032 年将减少到 98 万人（摘自日本文部科学省《关于建立区域协作平台的指导方针》）。同时，大学全员入学的时代正在加速到来，随着考生人数减少，大学已经很难依靠偏差值[①]和知名度吸引考生了。

【放弃的问题】大学已经成了被"挑挑拣拣"的对象，大学的危机感十分强烈，这就是大学遭遇的问题。受新冠疫情影响，在大学校园上课的机会越来越少，导致人们不再重视校园硬件，而更加关注教学质量本身。由于线上授课逐渐成为主流，所以国外大学也成了本国大学的竞争对手。高中生择校时往往参考学校偏差值，却不太考虑自己想要学习哪方面的内容。类似的例子不胜枚举。他们并不知道什么才是适合自己的学校。

【解决问题】提升课程吸引力，需要更具有实践性的课题。

---

① 日本高考的特有现象。所谓的偏差值，也叫相对平均值的偏差数值，反映的是某名学生的成绩在所有考生成绩中处一个什么样的位置。——译者注

校企合作教学，让学生学习商务实务，企业也能择优录用学生。

【理论验证】新课程测试。验证满意度。

【高冈讲评】日本 80% 的大学为私立大学，1990 年，日本 18 岁人口数量达到顶峰，当年全国大学数量为 372 所。2021 年，日本 18 岁人口数量几乎减半，但大学数量已经增加到 619 所。其中，日本国立和公立大学从 135 所（1990 年）增长到 184 所（2021 年），增幅虽然不大，但是不可否认学校增设的数量还是多了一些。因此除了顶尖大学以外，其他学校都在减员。

在新现实下，线上课也在普及。以前是各地高中生报考东京的大学，靠家长给他们的生活费享受大学生活，现在他们在家就能线上听课。我们以往的教学一直以校园为中心，但如今各种矛盾凸显。

C 的问题意识值得称赞，日本和其他国家在择校方面的差别就是，我们总要参考这个"偏差值"。学生不是在选择自己向往的学校，而是自己能够考上的大学。这种思维意识一天不改变，他们就不能进入自己心仪的大学，进入自己理想的行业。而这才符合人们成长的规律。

想要解决这个问题，高中生就需要一种有别于偏差值的择校标准。或许近年来企业倡导的"志本经营"[①]能够帮我们解决这个问题。志本经营的概念如下所述。

一家企业在确立使命、愿景前,首先要确定自己的目标,换言之就是寻找企业存在的意义。在明确了企业存在的意义的基础上从事商业活动,就是所谓的"志本经营"。

有了目标,员工就会思考自己到底是为什么工作,也很容易知道自己所属的企业、单位、组织到底适不适合自己。如果不适合,就好聚好散地换一家公司。而这正是我们需要的思维方式。

这就是私立大学面临的状况。大学要有明确的教学目的。我们一方面要让大学向社会表明自己的目标,另一方面也要让高中生思考自己将来想要做什么工作,再由此反推自己希望接受的教育,之后则要看一看所有大学的"教学目标",从中选出自己的目标学校。并且,高中生也可以在线学习大学课程。这样可以让考生在入学前就了解自己的目标高校、目标专业的课程。这样就能尽量避免考上大学反而十分失望的现象。

[①] 日本管理学大师名和高司提出的经营理念。倡导企业不应该单以谋利为本,更要关注企业的存在意义。——译者注

如果学生能看看校园,体验一下社团活动,那么他们在择校的过程中则会显得更加主动。既避免了学生"误选",也能让大学招到理想的新生。

我多次强调,创新必须赢利。只有先赢利才能解决问题。

案例中,正在择校的高中生并不了解大学是怎样的地方,而大学不能主动"贴近"高中生,也无法让学生选择自己。C 的创新项目恰恰能解决这两个问题。

由于这个创新项目要解决学校和学生两者的问题,所以要考虑以什么名义提供服务,收取多少费用。但我认为我们既可以向学校收费,也可以向学生收费。

D 的创新

【顾客】独居老人

【新现实】脸书等社交软件层出不穷,如今已经是人人都能充分利用社交软件的时代。

【放弃的问题】一个人死后如何处理他的社交软件账号。

【解决问题】我们能否专门从事在线数字遗产管理并提供相关服务?具体而言,有人希望保留社交软件账号,有人希望彻底删除信息，还有密码管理问题，总体需求是零散的。那么我们要用怎样的流程和形式管理数字遗产呢？目前的从业者仍旧没能解决这些问题。

【高冈讲评】多年前本多孝好的小说被翻拍成电视剧《人生删除事务所》（朝日电视台），主演是山田孝之和菅田将晖。这部电视剧的主题就是数字遗产的处理。电视剧中，山田孝之和菅田将晖扮演的是人生删除事务所的工作人员，主要负责将委托人遗留的手机、电脑中的不雅数据删除。整部剧聚焦数字遗产。

此后数字技术不断普及，也有人利用社交软件获利。如果他们某一天不幸离世，只要不办理注销，至少在一段时间内还能靠社交软件获利。那么注销权的归属和金钱的去向又该如何界定呢？

20世纪前，遗言无须保存电子数据。但为了避免遗言被滥用，数字遗产处理成了迫在眉睫的问题。

D的问题意识让他想到"数字遗产管理服务"。虽然目前这种需求还比较少，但是我认为，数字遗产问题确实存在。我估计今后这样的现象会成倍增长，并形成一种新现实和新问题。

更何况，日本的老龄化本就十分严重，我们必然要面对更多此类问题。

所以我认为 D 的想法背后有着无限商机。反过来说,现在要物色合适的合作伙伴以便加快项目落地。

遗产处理的目标顾客主要是富人阶层,我们不妨与那些为富人阶层服务的企业展开交流。有了合作伙伴,就能够加快创新速度,因此找到最合适的合作伙伴则能提高项目落地的可能性。

创新思考实验一:酒店业

2020 年的一场新冠疫情,让我们看到了以富裕阶层为目标客户的日本旅店业在营销方面的脆弱性。

受新冠疫情影响最大的是服务业。其中全日本各地的酒店和旅馆,受紧急事态宣言和疫情防控重点措施的影响,处于门可罗雀、一片萧条的状态。

但运营"一休网站"的一休株式会社总裁榊淳先生表示,全日本高级酒店、旅店每晚住宿费超过 10 万日元的房间早被预订一空。这是因为富裕阶层在家待着感到太过烦闷,于是就选择去空荡荡的宾馆住两三周,悠闲自在,权当旅游。

虽然近年来日本的高档酒店数量稍有增加，但是日本高档酒店整体数量还是很少。外国大城市的酒店每晚住宿费一般都在 10 万日元以上。全世界富裕阶层选择的高级酒店每个房间的住宿费最低也要 50 万日元。他们会毫不吝啬地花大价钱在酒店住上一个礼拜。

在日本，即便是东京、大阪的高档酒店，住宿费也不太高。我认为，这或许是因为他们的目标客户是日本的中产阶级，而没能关注到富裕阶层的需求。

日本已经有了一批稳定的富裕阶层，如果能看到这个新现实，就能给上了年纪的富裕阶层提供新的解决方案。

不过酒店业即便在新冠疫情前，竞争就已经过于激烈，但效益却越来越低。因此，员工工资普遍较低，离职率超高。究其原因，是酒店业工作时间长、待遇低下。

日本酒店收益的大部分来源是宴会、会场租赁。大型酒店即便客房爆满，如果宴会厅出租情况不好，也会导致亏损，他们的收益结构就是低利润的。

2020 年的新冠疫情，给全日本酒店的住宿、宴会部门带来了毁灭性打击。各大酒店想尽各种办法试图恢复业绩，虽然成功为行业"续命"，但是酒店业整体赢利结构在后疫情时代仍旧没有多少变化。

以医药行业为首，各行各业都开始倡导取消大型宴会。随着新冠疫情发展趋于稳定，酒店业的业绩也会慢慢恢复，但未来也不可能继续增长。所以日本酒店业的赢利结构正受到严重挑战，部分酒店甚至有倒闭的可能。

我们要关注的一个问题是日本高档酒店的定价。

以中产阶级为目标客户的低价酒店和面向差旅的商务宾馆的价位暂时不需要变化，但超一流、高档酒店的价位还是太低了。泡沫经济崩溃后，日本连续30年通货紧缩，所以日本人或许已经对价格麻痹了。

即便不是号称世界物价最高的城市纽约，只要和香港等亚洲城市比一比，你就会发现东京的高档酒店哪怕提价1.5倍至2倍也不算太贵。这就是世界级高档酒店的正常水平。

如果酒店还有涨价的余地，那么我建议涨价。但我并不是说酒店各方面的收费都要提高。

有些欧洲国家很适合富裕阶层养老。比如瑞士。有很多老人甚至会在瑞士的酒店走完人生的最后一程。日本人或许还不了解这样的现实吧？

创作本书时，我已经61岁了，但好在我的双脚还能自由行走，我也能做自己想做的事儿，还有糟糠之妻的陪伴。

但是再过30年，我就90岁了。那时候或许我连上下楼梯都做不到，也不能打扫自己的房间，更不能像现在一样自由行动了。住在这么一间大宅子里，肯定要雇人照顾，但我不知道我雇的人能不能满足我的需求，也不知道他的人品如何。

与其要冒着这样的风险，我还不如去那些配备专业服务人员的酒店住呢！所以全世界的富裕阶层才要到自然资源丰富、环境优美的国家去养老，在酒店度过自己最后的日子。

老年房客越多，酒店就越要跟医院合作。一旦老人有个三长两短，也好照应。离开豪宅别墅，夫妻两人如果有一人仙逝，或者两人都失去自理能力，最好选择在酒店养老。我觉得，这才是终极的享受。

但日本人的想法不是这样。

我在第四章谈到过，在超老龄化社会，独居老人越来越多，这自然是一种新现实。但在这背后又有另一股力量推波助澜。

原先，日本家庭中的长子会和父母一起居住，儿媳妇要负责照顾公婆。等到父母完全不能自理，儿媳妇也要忙里忙外。虽然这种习惯一度引发婆媳矛盾，但是随着越来越多的老年人和子女分家另过，此类矛盾也在锐减。今后，越来越多的父母将不会和孩子一起生活。

于是高龄夫妻或独居老人的数量将会持续增加。这种新现实会引发一个新问题，那就是"孤独死①"。为了避免孤独死现象，越来越多的老年人选择进入养老机构。

日本富裕阶层也会进入养老机构。其中有人愿意花好几亿日元住进高级养老机构，但在我看来，他们也不过是住进了一所高级养老院罢了。这能保障生活品质吗？如果没有钱，那就另当别论了，但日本的富人绝对有钱享受更高品质的服务。

我不知道日本富裕阶层到底怎么花钱。

欧洲的历史比美国悠久得多，欧洲有一群真正的贵族，我觉得这群富人才真正懂得怎么花钱。只不过他们随心所欲消费奢侈品的风气让我不敢苟同。

欧美国家普遍注重个人隐私，他们没有像日本这样一大家子人生活在一起的习惯。同样，他们也没有孩子照顾老年人的习惯，所以酒店业普遍提供老年人宁养②服务。

日本只是这几十年，才开始出现父母和孩子分开居住的现

---

① 指独居者在无人知晓的情况下在自家亡故。——译者注
② 指为病患、老年人提供全方位的服务，直到对方死亡。——译者注

象。这种文化形成之后，我们的酒店业也会学习欧洲的酒店，为富裕阶层的老年人提供宁养服务，而这也算是一种创新。

外国富裕阶层普遍会雇用私人护士。

不论一个人多么富有，到了临终之时，也难免要躺在医院插管、做手术。由于家人不能一直在病房陪护，所以平时要由护工负责照料。此时与其让素不相识的护工看护，不如找一位平时就照顾你、跟你相熟的人继续照料你的一切。

趁着自己身体还算硬朗，先雇一个照顾自己生活的护工，每年也就300万到400万日元。如果这位护工同时照顾两三位老人，那么他的年收入可以超过1000万日元，算是一个不错的职业了。

人们总是愿意让一个知根知底儿的人给自己送终。一般而言都是家属给老人送终，但这又会让人产生一种复杂的感情。

"不想给孩子添麻烦。"

这是为人父母的心声。所以，退而求其次，老年人雇用了私人护士。

当然，也并非只有雇用护工这一个选择。除了家人，你身边肯定也有一些靠得住的人。如果有这样的条件，哪怕不住在一起也可以。酒店和护工合作，也能为租客提供帮助。

度假酒店和城市酒店也能推出类似服务。

搬离城市，去一个能俯瞰大海的地方走完人生，住进生前最喜欢的度假酒店。根据自己的身体状况，让护工每晚或每周来几次，等到临终前，再搬进这家度假酒店的其他房间，接受 24 小时护理，这才是最好的晚年生活。

在高级养老机构，哪怕花一两亿日元，也得不到像大酒店那样舒适的空间和周到的服务。今后酒店业有望在引领富裕阶层消费的同时，拓展自己的商业版图。

不过能为富裕阶层提供服务的不只是高级酒店。

倒不如说，酒店以外的选项反而更多。而且伴随着 2020 年（实际是 2021 年）东京奥运会的举办，在日本诞生了一大批提供小户型客房的中低端商务酒店，一度成为乱象。

但受新冠疫情影响，奥运会决定实施空场竞赛[①]，这让一众商务酒店老板们的美梦成为泡影。为了应对 2025 年大阪世博会，当地也迎来了一波酒店建设热潮，但他们的目标并非入境游客。

正如日本人在昭和时代经历的经济高速发展期一样，中国人这些年也越来越富裕了，他们更愿意来日本旅游，因为日本

---

① 即没有现场工作的比赛。——译者注

离中国很近，来一次不需要太多时间和金钱。中国人口数量庞大，这股潮流还会持续很久。但是，终有一天大潮将会退去。大阪世博会到底能不能成功举办，现在还不确定。

到那时，这些建成的酒店怎么办呢？

新冠疫情让线上办公在日本普及，我认为新冠疫情趋于稳定后，这种工作方式仍旧能得到沿用。但家里有孩子的员工，怎么能集中注意力工作呢？好不容易习惯了线上办公，难道只能再回到公司上班？如果真的这样，就发挥不了线上办公的优势了。

为了给这部分人提供便利，车站附近的小型商务酒店就可以改造成办公室。如果没有租客，那么客房只能闲置。而且酒店本身就安装了 Wi-Fi，其实很适合用于办公。

因为个人很难承担在酒店办公的费用，公司或许可以把原本的通勤费改为办公空间使用费，这样就能在不增加成本的前提下，帮助员工协调工作和生活了。

新冠疫情今后如何发展，一切都还是未知数。所以我不敢说新冠疫情就是新现实。但即便新冠疫情结束，放弃线上办公，回归通勤坐班模式，也无法真正拯救日本企业。

如今人们即便不坐班也能完成工作，不必出差也能跟身处异地的客户交流。放弃低成本的远程办公，转而回归高成本的坐班模式，这种做法只能暴露出管理者的无能！

创新思考实验二：零售业

百货公司行业最大的资本就是能线下销售送货上门。

拥有富裕阶层顾客名录和强大的销售渠道，这已经能令所有为个人顾客提供服务的行业艳羡不已。

另外，电子商务的兴盛符合时代大潮，数字化转型更能加速这个过程。

但是电子商务转型的过渡时期总会淘汰一部分人，即如今的老年群体。虽然有些老年人跟年轻人一样能够熟练使用数字工具，但是也有一部分老年人总是学不会"高科技"，他们仍旧习惯在实体店购买商品。

还有一部分有钱的老年人，他们本是商场最欢迎的"老主顾"，但随着年龄的增长，他们越来越不愿意出门了，因此他们去百货商店的次数也持续减少，购物方面的花销也会持续降低。

新现实伴随着顾客放弃的问题，新的解决方案也应运而生。尽管与电子商务时代背道而驰，但我们还是需要旧时代典型的

"跑腿买货"的角色，即线下外部销售。

但具体方式则有别于过去。

在过去，外部销售人员实际上就像旧时代的中间商，他们到客户家里去，询问顾客的愿望，然后把客户订购的产品带给客户。

但如今我们需要对这种形式进行数字化转型。今后商店里的所有商品都将在屏幕上展示，顾客足不出户就能挑选商店里的商品。

"我想看看实物。"

"我想试穿一下。"

如果有类似的需求，再由商店把商品送上门。老年人一旦习惯了这种购物方式，即便看不到实物，也会安心购买。对于那些有心购物但行动不便的老年人而言，送货上门是最好的购物方式。

为了应对新冠疫情，日本政府发布紧急事态宣言，除了第一波感染以外，商店从未停业。但商店的管理者似乎叫停了送货上门业务。在我看来这无疑是在"自废武功"。究其原因，还是管理者不了解商场的价值。

当然，有时候顾客也不想要什么上门服务。但若是顾客有这方面的需求，那只要让销售员戴好口罩，做好消毒工作，说话的时候也不要摘下口罩，那就没问题。

新冠疫情之前，日本生活协同工会联合会的业绩持续低迷。

日本生活协同工会联合会本身有着一套主打团购的商业模式。经济高速发展期，日本生活协同工会联合会向超市投资，使超市的销售业绩大幅提高。

但如今超市的业绩并没那么好，反而是日本生活协同工会联合会的老会员已经年迈，不方便再去超市购物了。我原先是神户市生活协同工会联合会主席，也曾经为团购配送献计献策。

如果只是把订购的东西送到门口，这跟网购没有任何区别。但我主张不只是配送，还要把重物直接送到厨房，这才是老年人期待的服务。

一片街区的电器商店之所以业绩好，主要也是靠这个模式。

老年人即便从商店买了电器，但都不太会安装。电器商店则免费提供安装服务，为老年人解决困难。如果电器出现故障或者一时间忘了操作方法，附近的电器商店还会派人上门服务。

如果是在大型电器商场购买的电器发生故障，就要打电话寻求帮助。但有时候老年人找不到电话号码，好不容易找到了也可能打不通。等了半个小时，好不容易打通电话，对方也很难解释清楚如何操作。而电器商店的老板则为老年人解决了这个"老大难"问题。

当然，小型电器商店的收费肯定比大型电器商场高。但对于富裕的老年人而言，价格差距算不上什么问题。他们更希望能有一个熟人，随叫随到为自己排忧解难。

百货商店和电器商店面对的新现实都是老龄化。

如果老人和子女一同居住，当然能够让子女代劳，但独居老人就没这个条件了。我们应该推动数字化发展，但一味地数字化，老年人便会追赶不上时代。

传统模式要与数字化相结合。或许是因为零售业缺乏这个观念，才迟迟不能创新吧。

创新思考实验三：家具制造商

或许不少人都有这样的经历，在家具店看中一件家具，结果买到家一看，这件家具太大了。一件家具在豪华的展厅里看着很小，实际买回家一看，尺寸相当大。

这是 20 世纪已经被放弃的问题。但我们可以利用虚拟现实和增强现实技术实现数字化转型：拍一张空荡荡的房间照片，在智能手机或电脑上安装相关应用程序，就能把沙发和桌子"放"进来。

首先解决顾客放弃的问题的是服装零售业。

ZOZOTOWN[①]成功前，人们只能到提供试穿服务的实体店购买服装。但如今我们不需要试穿，只要上传一张自己的照片，就能买到尺码适合自己的衣服。不久后你甚至可以通过虚拟现实技术实时测量自己的尺码，买衣服全靠网购。

我认为家具也可以采用这个模式。

如今还有很多人觉得，不到实体店就选不到合适的家具。但目前的技术已经能够模拟房间的家具布置。所以家具店可以"陈列"无数种家具。重点是要在商店里的家具和房子里的家具之间建立一种虚拟的联系。而数字化转型对这一点至关重要。

[①] ZOZOTOWN 是日本的时尚潮流品牌服饰网上购物商城，建立于 2004 年，隶属于日本 STARTTODAY 有限公司。——译者注

后　记

如果不能创新，就不能突破日本企业的停滞状态。

我相信这一点不论是日本企业还是日本的职场人都十分清楚，但现实是，我们并不知道如何创新。

我们模仿着美国商学院教授们提倡的创新方式尝试创新，但由于我们不了解具体做法，所以一切努力半途而废，最终创新失败。

最近许多企业都在模仿雀巢日本分公司"创新奖"的形式，举办各类创意大赛。我认为他们的态度值得赞扬，但我到现在还没听说过，哪家企业把所谓创意大赛搞得风生水起。

全国各地都设立了开放式创新基地，很多企业参与其中。但它们只能做到改良，无法实现创新。

我觉得这种趋势是很正常的。

因为，不使用NRPS法就无法创新。而且这里的NRPS法需要由上而下在全公司大力推行，要把它作为一种非任意性的人事评价体系。

不靠偶然：日本雀巢的创新营销法

难道你永远都要依靠偶然吗？

难道你还没有下定决心去创新吗？

本书强调过，向上管理，调动管理者的积极性并不那么简单。所以我们要在自己职务的裁量范围内，带着一颗"小企业老板"的心去努力。这样你就"无所不能"了。

你要有领导能力，要做好冒风险的准备，否则创新的种子就永远不会发芽。

倒不如说，我们应该在自己的职权范围内做好分内工作，甚至需要强制要求人们各尽其职，否则就无法形成创新文化。

我愿意将本书献给那些已经进入日本企业核心团队，有望成为新时代掌舵人的中青年读者和有志创业的读者。

实在抱歉，本书的目标读者不包括现任的企业家。

不论我如何跟现任企业家解释，他们的行为准则也不会有任何改变。

姑且不论平均年龄，绝大多数企业家都已经上了年纪。而且他们几乎都是所谓的"职业经理人"。创新的时间单位是10年，对这群企业家而言，他们的任期还是太短了。他们没有花很长时间锐意创新的动力。而能承担这个使命的，正是我们新一代的管理层。

不论是经济三团体①，还是经济产业省，都在强调创新的重要性，也为创新建言献策。

但丝毫不见成效。

这是当今日本企业家造成的。

他们以日本股份制公司体系为纲领，实现了战后经济振兴。但在如今这个变化万千的时代，他们的策略并不能保证在创造高价值的同时，又保障高效率。他们并未注意到这点，或者已经有所觉察但对此束手无策。

年轻人追求独立思考，发挥自己的能力带头冲锋。先尝试，再拓展，最后才需要团队的力量。

创新的种子必须由个人独立培育。即便你没有他人协作，你本身也要承担风险。

我们必须认识到，日本特有的"齐心协力""步调一致"文化，是不能帮助我们实现创新的。

倒不如说，合作恰是创新的阻碍。

开放式创新的正确顺序是，先探讨个人实力，再量体裁衣

---

① 日本经团联、日本商工会议所、经济同友会的合称。——译者注

找到合适的合作伙伴。而合作式的开放式创新，最后只能变成一种改良。

虽然金融机构"保驾护航"的时代已经过去，但是老一代企业人的旧思想仍旧根深蒂固。年轻人在不知不觉间已经摒弃了传统，他们习惯"摸着石头过河"，哪怕眼前是一片冰原，他们也会破冰而行，带着勇气做一些与众不同的事儿。

若不如此，就绝对不能实现创新。

创新充满困难，但日本人到现在还没正视创新，这到底是幸运还是不幸呢？换句话说，日本人还不知道如何看待创新。

所以说，日本的创新前景无限远大！

我为那些真正有勇气创新的商务人士开办了"高冈创新道场"项目。在这个项目中，我将以本书讲解的知识为基础，引导企业家、企业新生代领导、年轻员工等所有商务人士进行创新实践，创造具有社会影响力的新事业。同时我的项目也支持个别指导。

如果我的项目和本书能让各位读者关注创新，并思考正确的创新方法，我将倍感欣喜。

高冈浩三